les 200 plats préférés des enfants

les 200 plats préférés des enfants

Emma Jane Frost

Extraits de *200 recipes for kids*,
200 juices & smoothies, *200 chocolate recipes*,
200 Budget meals, *Low Fat*, *Pasta*,
Vegetarian, *Cakes & bakes*.

© 2008, 2009 Octopus Publishing Group Ltd.
© 2010 Hachette Livre (Marabout) pour la traduction
et l'adaptation françaises.

Crédits photos © Octopus Publishing Group Ltd
2008, 2009.

Traduit de l'anglais par Florence Raffy.
Mise en pages : les PAOistes.

Pour l'éditeur, le principe est d'utiliser des papiers
composés de fibres naturelles, renouvelables,
recyclables et fabriquées à partir de bois issus de forêts
qui adoptent un système d'aménagement durable.
En outre, l'éditeur attend de ses fournisseurs de papier
qu'ils s'inscrivent dans une démarche de certification
environnementale reconnue.

Vous devez préchauffer le four à la température
indiquée. Si vous utilisez un four à chaleur tournante,
respectez les instructions du fabricant pour adapter
la durée et la température de cuisson.

Sauf indication contraire,
les recettes sont réalisées avec des herbes fraîches.

Sauf indication contraire, les œufs sont de calibre moyen.

La taille des portions est prévue pour des adultes
et des enfants âgés de 7 ans environ. Il suffit d'adapter
la taille des portions en fonction de l'appétit
et de l'âge de votre enfant.

ISBN : 978-2-501-06765-2
Dépôt légal : août 2010
40.6200.6/01
Imprimé en Espagne par Impresia-Cayfosa

sommaire

introduction

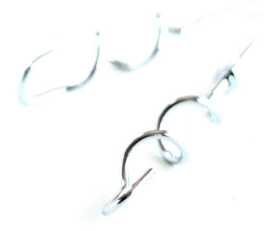

On associe souvent le repas à un moment de détente et de convivialité où les parents et les enfants mangent et discutent ensemble autour d'une table. Mais, en réalité, préparer des repas familiaux n'est pas une mince affaire. Imaginez un des deux parents qui essaye de cuisiner tout en s'occupant des enfants. Au moment de lancer le dîner, il découvre qu'il manque le veau pour la blanquette. Mince ! On peut toujours aller en chercher, mais… il faut emmener l'un des enfants à son cours de natation. Pas de panique ! On mangera des spaghettis carbonara ! Comme nous aspirons tous à une vie moins stressante, ce livre vise un objectif bien précis : repas plus amusants et plus sympas tout en restant sains, pratiques et bons.

des recettes
pour chaque occasion

En tant que parents, nous savons tous qu'il n'est pas toujours simple de cuisiner pour les enfants. Nombreux sont les parents qui prennent l'habitude de cuisiner les mêmes plats pour éviter d'avoir à jeter tout ce que les enfants n'auront pas voulu manger. Cependant, il est important qu'un enfant apprenne à découvrir et à aimer de nouveaux aliments en grandissant. Le rôle d'un parent est de l'encourager à expérimenter de nouveaux goûts et de nouvelles textures. Cet ouvrage a été rédigé dans cet esprit mais également en tenant compte du fait que les enfants sont souvent des créatures difficiles aimant les plats simples et beaux.

Chaque recette est accompagnée d'une photo pour vous montrer ce que vous allez cuisiner et ce que les enfants vont manger. Pour éviter que vos enfants se lassent des mêmes plats, nous avons également ajouté une variante à la fin de chaque recette, ce qui vous donnera des idées pour préparer des repas pour toute la famille.

le petit déjeuner

Le premier chapitre propose 20 idées pour varier les petits déjeuners. La plupart des enfants commencent la journée par un bol de céréales, mais il ne faut pas oublier que le métabolisme des enfants est très élevé. Le petit déjeuner, surtout pour les enfants qui vont à l'école, est le repas le plus important de la journée car il leur permet de faire le plein d'énergie jusqu'à l'heure du déjeuner.

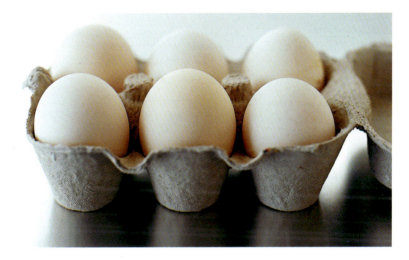

Si un enfant a faim, il est moins concentré et le manque de nutriments ne favorise pas le fonctionnement correct du cerveau, donc il faut bien le nourrir le matin avec des aliments qu'il aime – des fruits, des céréales, des graines, des œufs et du yaourt – et vous constaterez que la journée d'un enfant se déroulera différemment.

le déjeuner

La plupart des enfants scolarisés déjeunent à la cantine. Mais rien ne vous empêche, ne serait-ce que de temps en temps, de les récupérer pendant la pause déjeuner et de partager ce repas avec eux. Il est connu que les jeunes enfants ont souvent très faim le midi et un repas copieux et équilibré est essentiel pour qu'ils soient en forme dans l'après-midi.

le dîner

Le chapitre « Dîners » comprend des repas testés et approuvés que les enfants mangeront avec plaisir et que vous apprécierez aussi. La diversité des recettes permet de les servir à de jeunes enfants, mais également à des amis car elles sont assez variées pour plaire à tous. Et n'oubliez pas que si vos enfants mangent bien le soir, l'heure du coucher sera un moment plus détendu.

repas à emporter

Les repas servis en voiture en ramenant les enfants de leur cours de sport, de danse ou de guitare font souvent partie de notre quotidien. Le chapitre « Sandwichs, wraps, burgers » est conçu pour diminuer le stress de ces journées très chargées où il est impossible de prévoir un repas à table. Les recettes ont été élaborées pour pouvoir transporter ces repas et éviter que les enfants n'en mettent partout en mangeant dans la voiture ou au centre de loisirs, mais n'oubliez pas d'emporter quand même du film alimentaire, du papier d'aluminium et des serviettes en papier car il est difficile d'éviter tout accident maladroit.

brunch du dimanche

18 idées vous sont proposées pour partager un brunch en famille. Ce repas du dimanche, quand tout le monde a fait la grasse matinée, et tous, de bonne humeur, se retrouvent

devant tout un tas de bonnes choses à manger. Parents et enfants apprécieront les Mini quiches au jambon (pages 46-47), les Mini pizzas (pages 48-49) ou encore les Œufs brouillés aux 3 poivrons (pages 38-39).

goûters équilibrés

Les enfants ont besoin de prendre un goûter en plus de leurs trois principaux repas de la journée. Cela leur permet de faire le plein d'énergie et d'éviter de prendre des mauvaises habitudes alimentaires. Vous découvrirez que les recettes du chapitre « Goûters » sont très équilibrées, car elles contiennent des fruits riches en vitamines, des noix et des graines – une excellente source de protéines – et beaucoup de céréales complètes.

desserts

La plupart des enfants adorent le sucré, alors il faut en profiter pour leur faire découvrir de nouveaux fruits ou des saveurs exotiques. Essayez les recettes de ce chapitre et vous pourrez voir vos enfants dévorer un crumble de fruits crus et cuits mélangés, du caramel, du chocolat, de la glace au yaourt et de la crème anglaise maison.

jus et smoothies

Faire en sorte que les enfants mangent au moins 5 portions de fruits et de légumes par jour relève parfois de la mission impossible. En consommant des jus et des smoothies, ils absorberont toutes les substances nutritives nécessaires à leur croissance et à leur vitalité. La plupart des enfants raffolent des jus, et votre vie sera plus simple si vous n'avez pas à les forcer à finir leur assiette de brocoli !

planifier à l'avance

Nourrir des enfants, âgés de 2 à 12 ans, prend du temps. C'est pourquoi toutes les recettes de ce livre sont faciles et rapides à réaliser. Si vous aviez pris l'habitude de servir du poisson pané surgelé et des spaghettis à la bolognaise à chaque repas, il vous faudra apprendre à préparer de nouveaux ingrédients. La clé du succès est de savoir planifier. Ce livre donne des recettes délicieuses pour le petit déjeuner, le déjeuner, le dîner et le goûter, alors essayez de trouver quelques minutes afin de planifier les repas de la semaine, acheter les ingrédients nécessaires et décongeler à l'avance la viande ou le poisson.

Il est important d'avoir des ingrédients de base dans ses placards comme de la farine, des pâtes, du bouillon cube de poule, du coulis de tomates, de l'huile d'olive, de la sauce soja, du lait de coco, de la cannelle, de la muscade et d'autres herbes et épices. Remplissez votre réfrigérateur de fromage râpé comme du gruyère, de l'emmental ou du parmesan, et votre congélateur de légumes, notamment des épinards et des petits pois, pour les ajouter à vos plats. Quelques boîtes de tomates pelées, de saumon et de thon vous seront utiles pour pouvoir préparer un repas de dernière minute.

faire participer les enfants

En général, les enfants qui participent à la préparation des repas ont souvent plus envie de goûter les plats servis. Le fait d'aider en cuisine leur permet d'intégrer les aliments dans leur imaginaire et de transformer ce moment en un temps fort de leur journée. Ainsi, de nombreuses recettes de ce livre ont été conçues pour que les enfants puissent les réaliser avec vous, quel que soit leur âge ou leur expérience.

Par exemple, les Asperges au jambon (pages 90-91) sont parfaites pour encourager les enfants à découvrir les asperges pour la première fois. Demandez-leur d'enrouler les asperges dans les tranches de jambon et de les saupoudrer de parmesan – les jeunes enfants s'amuseront à faire sortir les asperges du tunnel formé par le jambon. Vous pouvez également leur demander de disposer le jambon et les olives sur les Mini pizzas (pages 48-49). De nombreux enfants aiment regarder les ingrédients en train d'être mixés pour préparer le Smoothie banane-flocons d'avoine (pages 24-25). Mais, attention, le bruit du blender risque de faire fuir les plus jeunes.

cultiver son jardin

Si vous avez un jardin, vous pouvez en profiter pour faire pousser des fruits et légumes faciles à cultiver. Pour un enfant, c'est une expérience passionnante de planter des graines de carotte et de les voir pousser avant de les récolter et de croquer dans une carotte tout juste cueillie qui a encore ses fanes.

Pour les personnes qui ont de la bonne volonté mais pas de jardin, il est possible de faire germer des graines sur un rebord de fenêtre. Les graines germées sont excellentes pour la santé des enfants car elles contiennent beaucoup de vitamines. Vous pouvez aussi investir dans des herbes en pot comme du thym, du persil et de la menthe pour parfumer les plats de vos enfants : ils pourront aller cueillir les herbes, les hacher et les ajouter eux-mêmes au plat.

bien choisir les ingrédients

Lorsque vous faites des courses pour préparer les recettes de cet ouvrage, essayez de choisir les aliments les plus frais possibles. Les fruits et les légumes commencent à perdre leurs vitamines dès la cueillette, alors préparez-les rapidement pour que vos enfants profitent des vitamines au maximum.

En fonction de votre budget, vous pouvez également choisir des produits issus de l'agriculture biologique. De plus en plus de personnes privilégient les aliments bio pour nourrir leur famille. La raison est facile à comprendre : les aliments biologiques sont plus riches en minéraux, en acides aminés essentiels et en vitamines. La viande bio ne contient pas de pesticides ni d'antibiotique. Les fruits et légumes biologiques sont cultivées naturellement sans pesticides. Même si la plupart de ces pesticides sont certainement sans danger, des études scientifiques sont toujours en cours pour déterminer s'ils ont un impact négatif sur notre santé. En attendant le résultat de ces études, il est préférable de manger bio pour que nos enfants profitent de la plus grande quantité de vitamines et de nutriments.

quantités et repas pris ensemble

La plupart des recettes de ce livre sont prévues pour une famille de 4 personnes : 2 adultes et 2 enfants âgés environ de 7 ans et qui prennent leur repas ensemble. Cependant, si vous préparez un repas pour vous et un ou deux enfants, il peut être judicieux de diviser les ingrédients par deux ou, si la recette le permet, de cuisiner pour 4 et de congeler 2 portions en trop pour un autre repas.

Toutefois, il est conseillé de prendre le temps de manger avec vos enfants pour deux raisons essentielles. Premièrement, vous êtes un modèle pour vos enfants. Ainsi, s'ils vous voient manger un nouvel aliment, il y a plus de chance qu'ils essaient aussi d'en manger. Deuxièmement, les repas doivent être un moment de convivialité, un temps pour discuter et rire, et aussi parler de sa journée. Les plannings surchargés actuels, dus à l'activité professionnelle des parents, aux activités extrascolaires des enfants et à l'augmentation des familles monoparentales, permettent difficilement de trouver le temps de s'asseoir et de discuter avec ses enfants. Ainsi, essayez de trouver le plus souvent possible du temps à consacrer aux repas, surtout lorsque vous introduisez de nouveaux aliments, et n'oubliez pas de féliciter un enfant qui essaie un nouvel aliment, même s'il ne fait que le goûter.

cuisinez !

Pour réussir un repas, il faut un peu d'organisation, un peu de temps, une pincée d'inspiration et quelques encouragements. Si vos expériences culinaires passées se sont soldées par des échecs auprès de vos enfants, cet ouvrage devrait vous donner de l'inspiration pour les régaler de bons petits plats.

petits déjeuners

pancakes pêche-cannelle

Pour **8 pancakes**
Préparation **10 minutes**
Cuisson **20 minutes**

3 petites **pêches** mûres
1 c. à c. de **cannelle
en poudre**
6 c. à s. de **sirop d'érable**
125 g de **farine avec levure
incorporée**
2 c. à s. de **sucre roux**
1 **œuf**
150 ml de **lait**
huile pour la poêle

Coupez les pêches en deux et dénoyautez-les. Coupez une des pêches en petits morceaux et réservez-les. Coupez les deux autres pêches en lamelles. Mettez-les dans un bol, saupoudrez-les d'une pincée de cannelle, ajoutez le sirop d'érable puis mélangez. Réservez.

Tamisez la farine et le reste de cannelle dans un saladier. Ajoutez le sucre roux. Creusez un puits au centre. Battez l'œuf avec le lait dans un récipient et versez dans le puits. Mélangez jusqu'à ce que la pâte soit lisse et onctueuse. Ajoutez les petits morceaux de pêche.

Huilez légèrement une poêle à fond épais ou une poêle en fonte sans rainures. Versez des cuillerées à soupe bien pleines de pâte dans la poêle et faites cuire à feu moyen pendant 1 à 2 minutes jusqu'à ce que des bulles se forment à la surface et éclatent. Retournez le pancake et faites cuire l'autre côté 1 à 2 minutes. Retirez le pancake de la poêle et réservez au chaud pendant que vous faites cuire les autres pancakes.

Servez les pancakes chauds avec les lamelles de pêches et arrosez-les de sirop d'érable.

Pour des pancakes à la banane, préparez la pâte comme ci-dessus mais en remplaçant la pêche coupée en morceaux par 1 petite banane mûre coupée en petits morceaux. Faites cuire les pancakes 1 minute de chaque côté jusqu'à ce qu'ils soient dorés. Répartissez 1 banane coupée en fines rondelles sur les pancakes et arrosez de 2 cuillerées à soupe de sirop d'érable sur le dessus.

pain perdu aux myrtilles

Pour **4 personnes**
Préparation **5 minutes**
Cuisson **10 minutes**

2 **œufs**
25 g de **sucre en poudre**
½ c. à c. de **cannelle
en poudre**
4 c. à s. de **lait**
25 g de **beurre**
4 tranches épaisses
de **brioche**
100 g de **myrtilles**
8 c. à s. de **yaourt
à la grecque**
4 c. à c. de **miel** liquide

Battez les œufs dans un saladier avec le sucre, la cannelle et le lait. Faites chauffer le beurre dans une grande poêle. Trempez deux tranches de brioche de chaque côté dans le mélange aux œufs. Mettez-les dans la poêle et faites-les cuire 1 à 2 minutes de chaque côté jusqu'à ce qu'elles soient dorées.

Recommencez avec les autres tranches de brioche. Mélangez la moitié des myrtilles avec le yaourt.

Ajoutez le yaourt aux myrtilles sur le pain perdu chaud. Répartissez le reste des myrtilles sur le dessus et versez un filet de miel.

Pour du pain perdu à la cannelle, préparez le pain perdu comme ci-dessus et mettez-le sur des assiettes chaudes. Mélangez 50 g de sucre demerara ou de cassonade et ½ cuillerée à café de cannelle en poudre. Saupoudrez le pain perdu de ce mélange puis servez aussitôt.

yaourt au muesli et au miel

Pour **6 personnes**
Préparation **10 minutes**
Cuisson **5 minutes**

500 g de **yaourt à la grecque**
125 g de **fraises** coupées
 en quatre

Muesli
50 g d'**amandes** effilées
50 g de **graines de courge**
50 g de **graines de tournesol**
3 c. à s. de **graines
 de sésame**
50 g de **flocons d'avoine**
6 c. à s. de **sucre roux**
4 c. à s. de **miel** liquide
 + un peu pour servir
 (facultatif)

Mélangez les amandes, les graines, les flocons d'avoine et le sucre dans un saladier. Chemisez une plaque de cuisson de papier sulfurisé et étalez le mélange. Secouez légèrement la plaque pour répartir les ingrédients en une couche uniforme.

Versez le miel en un mince filet sur le dessus. Placez la plaque sous le gril préchauffé 3 à 4 minutes jusqu'à ce que le sucre commence à caraméliser et les graines et les flocons d'avoine à dorer. Sortez la plaque du four et laissez durcir le muesli. Mettez-le ensuite dans un sac en plastique puis frappez-le avec un rouleau à pâtisserie pour le casser.

Mettez le yaourt dans un saladier et ajoutez les fraises. Répartissez le yaourt aux fraises dans 6 bols et parsemez de muesli. (S'il reste du muesli, il se conserve 2 semaines dans un récipient hermétique.) Ajoutez un peu de miel si vous le souhaitez.

Pour du yaourt au muesli et au chocolat blanc,
faites fondre 125 g de chocolat blanc dans un saladier au bain-marie en le posant sur une casserole d'eau à frémissement. Retirez du feu et ajoutez 2 cuillerées à soupe de yaourt nature. Écrasez 50 g de corn flakes et 2 Weetabix sur une plaque de cuisson recouverte de papier sulfurisé et parsemez de 25 g de riz soufflé. Versez le chocolat fondu mélangé au yaourt sur le dessus. Placez au réfrigérateur pendant 1 heure jusqu'à ce que le mélange durcisse. Posez le papier sulfurisé sur une planche à découper et hachez grossièrement les céréales pour former un muesli croustillant.

muffins banane-chocolat

Pour **12 muffins**
Préparation **15 minutes**
Cuisson **20 à 25 minutes**

150 g de **farine complète**
   avec levure incorporée
150 g de **farine ordinaire**
1 c. à c. de **levure chimique**
1 c. à c de **bicarbonate**
   de soude
½ c. à c. de **sel**
125 g de **sucre roux**
3 grosses **bananes** mûres
   écrasées
1 **œuf** battu
75 ml d'**eau**
75 ml d'**huile**
75 g de **chocolat noir**
   ou de **caroube** coupés
   en petits morceaux

Tamisez ensemble les deux farines, la levure, le bicarbonate de soude et le sel dans un grand saladier. Ajoutez le son qui est resté dans le tamis. Ajoutez le sucre roux. Mélangez les bananes, l'œuf, l'eau et l'huile dans un saladier. Mélangez les deux préparations pour obtenir une pâte homogène. Ajoutez le chocolat (ou le caroube).

Garnissez 12 alvéoles d'un moule à muffins de caissettes en papier et remplissez-les aux trois quarts avec la pâte.

Préchauffez le four à 180 °C. Faites cuire les muffins 20 à 25 minutes jusqu'à ce qu'ils soient gonflés et élastiques au toucher. Laissez-les refroidir sur une grille.

Pour des muffins à la vanille et aux cerises,
suivez la recette ci-dessus en remplaçant les bananes par 2 cuillerées à café d'extrait de vanille mélangé à l'œuf, l'eau et l'huile. Remplacez le chocolat par 250 g de cerises fraîches dénoyautées. Faites cuire comme ci-dessus.

smoothie banane-flocons d'avoine

Pour **2 personnes**
Préparation **5 minutes**

2 **bananes**
300 ml de **lait**
4 c. à s. de **fromage frais**
  nature
3 c. à s. de **sirop d'érable**
50 g de **flocons d'avoine**
  cuits

Pour servir
rondelles de **banane**
pain d'épice coupé
  en morceaux

Mettez les bananes dans le bol d'un robot ou d'un blender avec le lait, le fromage frais et le sirop d'érable. Mixez pour obtenir un mélange lisse. Ajoutez les flocons d'avoine et mixez de nouveau pour épaissir le mélange. Versez la préparation dans 2 grands verres.

Glissez les rondelles de banane et les morceaux de pain d'épice sur des brochettes ou des pics à cocktail et posez-les sur les verres. Servez aussitôt.

Pour un smoothie au beurre de cacahuètes,
remplacez les bananes par 4 cuillerées à soupe de beurre de cacahuètes avec morceaux et remplacez le sirop d'érable par du miel. Réalisez la recette comme ci-dessus puis mixez jusqu'à ce que le mélange soit lisse.

pancakes aux myrtilles

Pour **20 à 24 pancakes**
Préparation **15 minutes**
Cuisson **10 minutes**

2 **œufs**, blancs et jaunes
   séparés
25 g de **beurre**
100 ml de **lait**
100 g de **farine**
1 c. à c. de **levure chimique**
2 c. à s. de **sucre vanillé**
   ou de **sucre en poudre**
125 g de **myrtilles**
huile pour la cuisson

Faites fondre le beurre dans un récipient au micro-ondes pendant 30 secondes. Mélangez le lait au beurre fondu. Versez sur les jaunes d'œufs puis remuez.

Mettez la farine, la levure et 1 cuillerée à soupe de sucre dans un saladier. Ajoutez le mélange précédent et remuez avec un fouet pour obtenir une pâte bien lisse. Incorporez les myrtilles.

Montez les blancs d'œufs en neige. Incorporez-les délicatement à la pâte à l'aide d'une cuillère en métal.

Faites chauffer un peu d'huile dans une grande poêle pendant 1 minute. Versez 1 cuillerée à dessert bien pleine de pâte dans un coin de la poêle. La pâte doit s'étaler pour former une petite crêpe. Faites cuire 2 à 3 pancakes à la fois en fonction de la taille de la poêle. Lorsque le fond des pancakes est doré, retournez-les et faites-les cuire de l'autre côté. Retirez les pancakes de la poêle et posez-les sur une assiette. Gardez-les au chaud le temps de faire cuire les autres pancakes.

Saupoudrez de sucre puis servez.

Pour des pancakes à la vanille et aux figues,
mélangez 1 cuillerée à café d'extrait de vanille avec le lait et supprimez les myrtilles. Préparez comme ci-dessus. Coupez 3 petites figues en quatre et faites-les cuire dans une casserole avec 15 g de beurre et 3 cuillerées à soupe de sirop d'érable 2 minutes, en remuant. Ajoutez-les sur les pancakes chauds et servez avec du yaourt.

muesli aux pépites de chocolat

Pour **1 personne**
Préparation **3 minutes**
Cuisson **2 minutes**

3 c. à s. de **flocons
  d'avoine**
1 c. à s. de **noisettes**
1 c. à s. de **pistaches**
1 c. à s. de **mélange
  de graines** (potiron,
  chanvre, tournesol,
  sésame, lin)
2 c. à c. d'**huile d'olive**
  douce
2 c. à c. de **miel** liquide

Pour servir
150 ml de **yaourt
  à la vanille**
2 c. à s. de **graines
  de grenade**
2 c. à c. de **pépites
  de chocolat noir**

Faites chauffer une grande poêle antiadhésive
et faites-y revenir les flocons d'avoine, les noisettes,
les pistaches et les graines pendant quelques minutes.

Ajoutez l'huile d'olive et le miel. Mélangez soigneusement.

Versez le muesli dans un bol, nappez de yaourt,
parsemez de graines de grenade et de pépites
de chocolat puis savourez.

Pour une version très croustillante, mélangez 200 g
de muesli dans un plat à rôtir avec 4 cuillerées à soupe
de mélange de graines, 3 cuillerées à soupe d'huile
d'olive et 3 cuillerées à soupe de miel. Faites cuire
20 minutes dans un four préchauffé à 180 °C. Laissez
refroidir puis ajoutez 3 cuillerées à soupe de pépites
de chocolat noir. Servez ce muesli croustillant avec
du yaourt à la vanille. Pour 4 personnes.

muffins chocolat-orange aux flocons d'avoine

Pour **9 ou 10 muffins**
Préparation **10 minutes**
Cuisson **15 à 20 minutes**

225 g de **farine ordinaire**
2 c. à c. de **levure chimique**
le **zeste** finement râpé
   de 1 **orange**
50 g de **flocons d'avoine**
   + quelques pincées
75 g de **sucre roux**
200 g de **yaourt grec**
4 c. à s. d'**huile**
   de tournesol
   ou autre **huile végétale**
150 ml de **lait**
1 **œuf**
200 g de **chocolat au lait**
   haché

Tamisez la farine et la levure au-dessus d'un saladier. Ajoutez le zeste d'orange, les flocons d'avoine et le sucre.

Dans un saladier, fouettez le yaourt avec l'huile, le lait et l'œuf. Versez ce mélange dans le saladier avec le chocolat. Mélangez délicatement à l'aide d'une grande spatule en métal. Ajoutez un peu de lait si le mélange est trop sec.

Garnissez un moule à muffins de 10 alvéoles de caissettes en papier. Répartissez la pâte dans les caissettes et parsemez le dessus de flocons d'avoine. Faites cuire 15 à 20 minutes dans un four préchauffé à 200 °C. Servez chaud ou froid.

Pour des muffins au muesli, remplacez les flocons d'avoine par 75 g de muesli. Ajoutez le yaourt, l'huile, le lait et l'œuf. Réduisez la quantité de chocolat au lait à 75 g. Remuez et faites cuire comme indiqué ci-dessus.

pancakes banane-raisins de Smyrne

Pour **10 pancakes**
Préparation **10 minutes**
Cuisson **8 minutes**

125 g de **farine à levure incorporée**
2 c. à s. de **sucre en poudre**
½ c. à c. de **levure chimique**
1 petite **banane** bien mûre (environ 125 g avec la peau), épluchée et grossièrement écrasée
1 **œuf** battu
150 ml de **lait**
50 g de **raisins de Smyrne**
huile pour graisser
beurre, miel liquide, sirop d'érable ou **sirop de sucre roux** pour servir

Mettez la farine, le sucre et la levure dans un saladier. Ajoutez la banane écrasée et l'œuf. Progressivement, incorporez le lait en battant le mélange avec une fourchette jusqu'à l'obtention d'une pâte à crêpes lisse et épaisse. Ajoutez les raisins de Smyrne.

Versez un peu d'huile sur une feuille de papier absorbant plié en plusieurs épaisseurs, puis graissez la plaque d'un gril ou une poêle à frire épaisse à revêtement antiadhésif. Faites chauffer la poêle, puis laissez-y tomber des grosses cuillerées à café de pâte en les espaçant bien. Laissez cuire les pancakes 2 minutes jusqu'à ce que des bulles se forment sur le dessus et que le dessous soit doré. Retournez les pancakes et laissez-les cuire encore 1 à 2 minutes.

Servez les pancakes chauds avec du beurre, du miel, du sirop d'érable ou du sirop de sucre roux. Ils sont meilleurs mangés le jour même.

Pour des pancakes aux fruits rouges, suivez la recette en remplaçant les raisins de Smyrne par un mélange de 125 g de myrtilles et de framboises fraîches.

muffins aux fruits rouges

Pour **12 muffins**
Préparation **15 minutes**
Cuisson **25 minutes**

250 g de **farine ordinaire**
4 c. à s. de **sucre** en poudre
1 c. à s. de **levure chimique**
1 **œuf battu**
200 ml de **lait**
50 ml d'**huile végétale**
200 g de **fruits rouges**
  mélangés, hachés
  grossièrement

Mélangez ensemble tous les ingrédients, à l'exception des fruits rouges, jusqu'à l'obtention d'une pâte lisse. Ajoutez ensuite les fruits rouges.

Garnissez un moule à muffins de 12 alvéoles de caissettes en papier. Répartissez la préparation dans les caissettes. Faites cuire 25 minutes dans un four préchauffé à 180 °C. Lorsque vous enfoncez la lame d'un couteau dans un des gâteaux, elle doit en ressortir sèche. Démoulez et laissez refroidir sur une grille.

Pour des muffins à la banane, remplacez les fruits rouges par 200 g de banane coupée en morceaux.

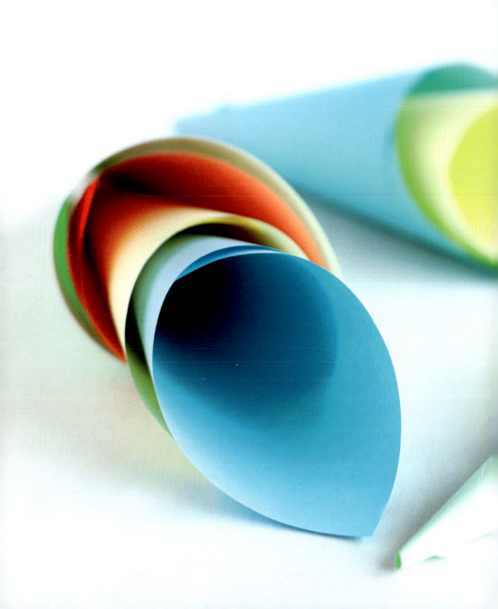

brunch du dimanche

œufs brouillés aux 3 poivrons

Pour **4 personnes**
Préparation **10 minutes**
Cuisson **10 minutes**

3 c. à s. d'**huile d'olive**
1 petit **oignon** finement
haché
½ **poivron vert** équeuté,
épépiné et coupé en dés
½ **poivron rouge** équeuté,
épépiné et coupé en dés
½ **poivron jaune** équeuté,
épépiné et coupé en dés
1 gousse d'**ail** écrasée
3 c. à s. d'**eau**
6 **œufs** battus
100 ml de **crème liquide**
4 tranches épaisses de **pain
complet** pour servir

Faites chauffer l'huile d'olive dans une grande poêle antiadhésive et faites cuire l'oignon et les poivrons à feu moyen 4 à 5 minutes. Ajoutez l'ail et faites cuire 1 minute de plus puis ajoutez l'eau. Couvrez et faites mijoter 2 minutes.

Battez les œufs et la crème dans un saladier. Retirez le couvercle de la poêle et versez cette préparation sur les légumes. Faites cuire à feu doux en remuant sans cesse avec une cuillère en bois jusqu'à ce que les œufs soient crémeux.

Pendant ce temps, faites griller légèrement les tranches de pain. Recouvrez-les avec les œufs brouillés puis servez aussitôt.

Pour des œufs brouillés au fromage et au cresson, battez les œufs, la crème liquide et 50 g de gruyère râpé dans un saladier. Faites chauffer 15 g de beurre dans une grande poêle antiadhésive puis versez les œufs. Faites cuire à feu doux en remuant sans cesse avec une cuillère en bois jusqu'à ce que les œufs soient crémeux et brouillés. Servez sur des tranches de pain complet grillées et recouvrez de pousses de cresson.

pain pita à l'houmous

Pour **6 personnes**
Préparation **15 minutes**
Cuisson **3 minutes**

400 g de **pois chiches**
  en boîte, égouttés et rincés
3 c. à s. de **tahin**
le **zeste** finement râpé
  et le **jus** de ½ **citron**
1 c. à s. d'**huile d'olive**
3 c. à s. de **ciboulette**
  hachée (facultatif)
4 c. à s. d'**eau**
2 **carottes** moyennes râpées
½ **concombre** coupé en dés
1 poignée de **pousses
  de cresson**
4 **pains pita** complets
  ou blancs

Mettez les pois chiches et le tahin dans le bol
d'un robot et mixez jusqu'à ce que vous obteniez
un mélange épais. Ajoutez le zeste et le jus de citron,
l'huile d'olive, la ciboulette et l'eau. Mixez de nouveau
jusqu'à ce que le mélange soit lisse et onctueux.

Mélangez les carottes, le concombre et le cresson
dans un saladier.

Faites griller les pains pita pendant 1 minute
dans un grille-pain jusqu'à ce qu'ils soient chauds
et légèrement gonflés. Coupez chaque pain pita
en deux et remplissez-le d'houmous et de salade.
Servez aussitôt.

Pour des pains pita à la betterave, mixez 175 g
de betterave cuite coupée en morceaux, 2 cuillerées
à soupe de tahin, le jus de ½ citron et 1 cuillerée à café
de raifort dans un robot jusqu'à ce que le mélange soit
lisse et onctueux. Remplissez les pains pita comme
ci-dessus avec la salade.

gressins et dip rouge au fromage frais

Pour **4 personnes**
Préparation **45 minutes**
 + repos
Cuisson **30 à 40 minutes**

500 g de **farine**
½ c. à c. de **sel**
1 c. à c. de **sucre en poudre**
5 g de **levure de boulanger
 sèche** super active
300 ml d'**eau tiède**
6 c. à s. d'**huile d'olive**
2 c. à s. de **graines
 de sésame**
1 c. à s. de **graines de pavot**

Dip
2 **poivrons rouges** équeutés,
 épépinés et coupés
 en quatre
2 **tomates**
1 c. à s. d'**huile d'olive**
1 c. à s. de **vinaigre
 balsamique**
200 g de **fromage frais**
 (de chèvre, de brebis
 ou de vache)
1 c. à s. de **thym** haché
 (facultatif)

Tamisez la farine et le sel dans un grand saladier.
Ajoutez le sucre et la levure. Incorporez l'eau et
3 cuillerées à soupe d'huile d'olive. Formez une boule
de pâte. Pétrissez-la sur le plan de travail fariné pendant
10 minutes. Couvrez-la et laissez-la reposer 15 minutes,
puis pétrissez-la de nouveau 10 minutes. Remettez
la pâte dans le saladier, couvrez-la avec du film
alimentaire et laissez-la lever 30 minutes.

Pétrissez la pâte pour faire sortir l'air puis coupez-la
en quatre. Coupez chaque part en quatre morceaux
puis roulez-les pour former de longs bâtonnets minces.
Huilez une plaque de cuisson. Roulez les bâtonnets
dans l'huile et parsemez la moitié avec des graines
de sésame et l'autre avec des graines de pavot.
Préchauffez le four à 180 °C. Faites cuire les gressins
30 minutes. Retirez-les du four et laissez-les refroidir.

Mettez les poivrons et les tomates sur une plaque
de cuisson et arrosez-les d'huile d'olive. Faites-les
griller au four en même temps que les gressins
pendant 30 minutes. Retirez-les du four et laissez-les
refroidir dans un sac en plastique, puis pelez-les. Mixez
grossièrement la chair des poivrons et des tomates ainsi
que le jus de cuisson, le vinaigre, le fromage frais et le
thym. Versez dans un bol et servez avec les gressins.

Pour un dip à l'avocat, mixez 1 gros avocat dénoyauté
coupé en quatre avec le zeste et le jus de 1 citron vert,
100 g de fromage frais et 2 cuillerées à soupe de sauce
au piment douce. Servez avec les gressins.

petits pains au pavot et au sésame

Pour **12 petits pains**
Préparation **1 h 40**
  + repos
Cuisson **15 à 20 minutes**

5 g de **levure de boulanger
  sèche** super active
300 ml d'**eau tiède**
500 g de **farine à pain**
  + un peu pour le plan
  de travail
1 c. à c. de **sel** + 1 pincée
25 g de **beurre** coupé
  en dés + pour le moule
4 c. à s. de **graines
  de tournesol**
2 c. à s. de **graines
  de pavot**
2 c. à s. de **graines
  de courge**
1 **jaune d'œuf**
1 c. à s. d'**eau**

Mélangez la levure de boulanger et l'eau tiède puis laissez reposer 10 minutes. Le mélange doit mousser. Tamisez la farine et le sel dans un saladier et ajoutez le beurre. Mélangez du bout des doigts pour obtenir un mélange sableux. Incorporez les différentes graines à la pâte. Formez un puits au centre et versez la levure. Mélangez à l'aide d'une cuillère en bois puis pétrissez la pâte pour former une boule.

Pétrissez la pâte 5 minutes jusqu'à ce qu'elle ne colle plus aux doigts. Remettez-la dans le saladier, couvrez de film alimentaire et laissez-la lever 30 minutes dans un endroit tiède.

Pétrissez la pâte sur le plan de travail pour enlever l'air, puis divisez-la en 12 morceaux. Pétrissez chaque morceau quelques instants et formez une boule ou un bâtonnet plié en nœud. Mettez les morceaux de pâte sur une plaque de cuisson légèrement beurrée, couvrez avec un torchon propre et laissez lever 30 minutes dans un endroit tiède.

Préchauffez le four à 200 °C. Mélangez le jaune d'œuf et l'eau dans un bol avec 1 pincée de sel. Badigeonnez les petits pains à l'aide d'un pinceau. Faites cuire 15 à 20 minutes. Ils doivent sonner creux lorsque vous tapotez le fond. Retirez du four et laissez refroidir. Servez-les chauds ou froids.

mini quiches au jambon

Pour **18 mini quiches**
Préparation **45 minutes**
Cuisson **20 minutes**

huile végétale
 pour les moules
farine pour le plan de travail
375 g de **pâte brisée** prête
 à dérouler, décongelée
 si surgelée, et à température
 ambiante 15 minutes avant
 de l'utiliser
2 **œufs**
200 ml de **lait**
4 tranches de **jambon**
 coupées en dés
2 **ciboules** hachées
5 **tomates cerises** coupées
 en petits morceaux
50 g de **gruyère**
 ou d'**emmental** râpé

Huilez 2 plaques de moules à mini tartelettes. Farinez le plan de travail et déroulez la pâte. Aplatissez-la avec les paumes de la main. Découpez des petits disques de pâte à l'aide d'un couteau pointu. Mettez les disques de pâte dans les moules et enfoncez-les délicatement du bout des doigts.

Dans un verre doseur, fouettez les œufs et le lait avec une fourchette.

Dans un saladier, mélangez le jambon, les ciboules et les tomates cerises. Déposez 1 cuillerée à café de cette garniture dans chaque moule.

Versez un peu du mélange œuf-lait sur les quiches. Parsemez de fromage râpé. Préchauffez le four à 220 °C. Faites cuire les quiches pendant 20 minutes jusqu'à ce qu'elles soient dorées. Servez-les chaudes ou froides.

Pour des mini quiches au poivron, à l'ail et au parmesan, remplacez le jambon, les ciboules et les tomates cerises par la garniture suivante : faites chauffer 1 cuillerée à soupe d'huile d'olive dans une petite casserole et faites cuire 1 poivron rouge coupé en dés et 1 gousse d'ail écrasée pendant 2 à 3 minutes. Mettez la garniture sur la pâte puis répartissez dessus 50 g de parmesan fraîchement râpé. Versez le mélange œuf-lait comme ci-dessus. Ne parsemez pas de parmesan râpé et faites cuire comme ci-dessus.

mini pizzas

Pour **4 mini pizzas**
Préparation **25 minutes**
Cuisson **15 à 20 minutes**

250 g de **farine complète
avec levure incorporée**
50 g de **beurre** coupé
en morceaux
150 ml de **lait**
150 ml de **coulis de tomates**
3 c. à s. de **concentré
de tomates**
2 c. à s. de **basilic** haché
4 tranches épaisses
de **jambon blanc**
coupées en morceaux
125 g d'**olives noires**,
dénoyautées, coupées
en deux
150 g de **mozzarella** râpée

Tamisez la farine dans un grand saladier. Ajoutez
le beurre, puis travaillez du bout des doigts pour sabler
la pâte. Creusez un puits au centre et ajoutez le lait,
puis formez une boule de pâte. Posez la pâte sur le
plan de travail légèrement fariné et pétrissez quelques
instants pour obtenir une pâte homogène. Divisez la
pâte en 4 et formez 4 disques de 15 cm de diamètre
environ puis mettez-les sur une plaque de cuisson.

Mélangez le coulis de tomates, le concentré
de tomates et le basilic. Répartissez ce mélange sur
les fonds de pizzas et étalez-le en laissant une bordure
de 1 cm. Ajoutez le jambon et les olives puis parsemez
de mozzarella.

Préchauffez le four à 200 °C. Arrosez les pizzas
d'un filet d'huile d'olive et faites-les cuire pendant
15 à 20 minutes jusqu'à ce que la pâte soit gonflée
et le fromage fondu et doré. Enveloppez dans
du papier d'aluminium. Servez chaud ou froid.

Pour des pizzas à l'œuf et aux lardons, préparez
les fonds de pizza en creusant le centre et en formant
un rebord. Étalez le coulis de tomates. Faites chauffer
1 cuillerée à soupe d'huile d'olive et faites revenir
6 tranches de lard coupées en dés pendant 2 minutes.
Égouttez-les sur du papier absorbant. Parsemez les
pizzas avec les lardons puis cassez un œuf sur chaque
pizza. Faites cuire au four comme ci-dessus mais sans
parsemer de mozzarella. Sortez du four et ajoutez
aussitôt 1 cuillerée à soupe de mozzarella coupée
en petits morceaux et un peu de persil haché.

beignets de maïs

Pour **20 beignets**
Préparation **15 minutes**
Cuisson **20 à 30 minutes**

75 g de **farine**
½ c. à c. de **paprika**
150 ml de **lait**
1 **œuf** battu
275 g de **maïs** en boîte,
   égoutté
3 c. à s. de **persil** haché
2 **ciboules** finement hachées
½ **poivron rouge** coupé
   en dés

Sauce à la tomate
1 c. à s. d'**huile d'olive**
6 **tomates** mûres coupées
   en morceaux
1 c. à s. de **sucre roux**
½ c. à c. de **paprika**
1 c. à s. de **vinaigre**
   de vin rouge
4 c. à s. d'**huile végétale**

Tamisez la farine et le paprika dans un saladier. Ajoutez le lait et l'œuf, puis mélangez pour obtenir une pâte épaisse. Ajoutez le maïs, le persil, les ciboules et le poivron. Si la préparation est trop épaisse, diluez-la avec 1 cuillerée à soupe d'eau. Laissez la pâte reposer le temps de préparer la sauce à la tomate.

Faites chauffer l'huile d'olive dans une casserole, ajoutez les tomates et faites cuire 5 minutes à feu moyen, en remuant de temps en temps. Ajoutez le sucre, le paprika et le vinaigre, baissez le feu, couvrez et laissez mijoter 10 à 15 minutes à feu doux. Lorsque les tomates sont cuites, retirez du feu et versez la sauce dans un bol pour la faire refroidir.

Faites chauffer l'huile végétale dans une grande poêle antiadhésive et mettez des cuillerées à soupe de pâte en espaçant les beignets. Faites cuire 1 à 2 minutes de chaque côté. Retirez les beignets de la poêle à l'aide d'une spatule et égouttez-les sur du papier absorbant.

Servez les beignets de maïs avec la sauce tomate.

Pour des beignets de courgette à la menthe,
remplacez le maïs par 1 grosse courgette râpée. Faites chauffer 1 cuillerée à café d'huile dans une grande poêle et faites revenir la courgette à feu moyen 3 à 4 minutes en remuant de temps en temps. Ajoutez la courgette dans la pâte avec 2 cuillerées à soupe de menthe hachée.

toasts aux crevettes et au sésame

Pour **4 personnes**
Préparation **15 minutes**
Cuisson **5 minutes environ**

175 g de **crevettes**
    décortiquées
2,5 cm de **gingembre** frais,
    pelé et finement râpé
1 **ciboule** finement hachée
1 **blanc d'œuf** battu
1 c. à s. de **fécule de maïs**
1 c. à c. d'**huile de sésame**
1 c. à c. de **sauce soja**
    foncée + un peu pour servir
4 tranches de **pain de mie**
4 c. à s. de **graines
    de sésame**
6 c. à s. d'**huile végétale**

Mettez les crevettes dans le bol d'un robot avec le gingembre, la ciboule, le blanc d'œuf, la fécule de maïs, l'huile de sésame et la sauce soja. Mixez pour former une pâte épaisse.

Étalez cette pâte sur les tranches de pain de mie. Étalez les graines de sésame sur une grande assiette et pressez les toasts pour recouvrir la pâte de crevettes de graines de sésame.

Faites chauffer 2 cuillerées à soupe d'huile dans une grande poêle. Faites cuire la moitié des toasts en commençant par le côté garniture pendant 1 à 2 minutes jusqu'à ce qu'ils soient dorés. Retournez les toasts et faites dorer l'autre côté pendant 1 minute. Essuyez la poêle avec du papier absorbant et faites chauffer 2 cuillerées à soupe d'huile pour faire cuire les deux autres toasts. Égouttez les toasts sur du papier absorbant et coupez-les en triangles.

Servez les toasts avec une salade de concombre et de maïs (voir ci-dessous) si vous le souhaitez.

Pour une salade de concombre et de maïs à servir en accompagnement, coupez ¼ de concombre en dés et mettez-les dans un saladier avec 4 cuillerées à soupe de coriandre fraîche hachée et 200 g de maïs en boîte, égoutté. Coupez ½ poivron rouge en petits dés et mélangez-le à la salade. Ajoutez 1 cuillerée à soupe de sauce au piment douce et remuez. Servez la salade avec les toasts aux crevettes.

torsades au fromage

Pour **15 torsades environ**
Préparation **15 minutes**
Cuisson **8 à 12 minutes**

50 g de **gruyère**
  ou d'**emmental** râpé
½ c. à c. de **moutarde**
  de Dijon
75 g de **farine avec levure**
  incorporée + un peu
  pour le plan de travail
50 g de **beurre** froid
  coupé en dés
1 **jaune d'œuf**

Mettez le fromage et la moutarde dans un saladier.
Ajoutez la farine tamisée et le beurre. Pétrissez les
ingrédients du bout des doigts pour obtenir un mélange
sableux. Ajoutez le jaune d'œuf et mélangez avec une
cuillère en bois pour obtenir une boule de pâte.

Étalez la pâte sur le plan de travail bien fariné sur 5 mm
d'épaisseur. À l'aide d'un couteau pointu, découpez
des bandes de 15 cm de long et 1 cm de large. Torsadez
délicatement chaque bande et posez-la sur une plaque
de cuisson recouverte de papier sulfurisé.

Préchauffez le four à 220 °C. Faites cuire 8 à 12 minutes
jusqu'à ce que les torsades soient dorées. Sortez
la plaque du four et laissez refroidir les torsades
sur la plaque.

Pour des torsades aux épinards et au parmesan,
mixez au robot la farine et 1 poignée de feuilles d'épinard
jusqu'à ce que le mélange devienne vert. Ajoutez
le reste des ingrédients en remplaçant le gruyère
par du parmesan fraîchement râpé, puis continuez
comme ci-dessus.

sandwichs,
wraps,
burgers

bagels au bœuf et aux asperges

Pour **2 personnes**
Préparation **5 minutes**
Cuisson **2 minutes**

4 **asperges vertes** coupées
en trois
40 g de **cresson**
1 c. à s. de **mayonnaise**
allégée
1 c. à c. de **moutarde
de Dijon** (facultatif)
2 **bagels** aux graines
de pavot et de sésame
100 g de **rôti de bœuf** cuit,
coupé en très fines tranches

Portez une casserole d'eau légèrement salée à ébullition.
Faites-y blanchir les asperges 30 secondes. Égouttez-les
et réservez-les. (Si vous utilisez des asperges en bocal,
cette étape n'est pas nécessaire.)

Retirez les tiges du cresson et hachez les feuilles.
Mettez la mayonnaise et la moutarde dans un bol
puis ajoutez le cresson. Mélangez.

Coupez les bagels en deux et faites-les dorer sous
un gril préchauffé. Étalez la mayonnaise au cresson sur
la moitié des bagels. Ajoutez le bœuf et les asperges.
Recouvrez avec l'autre moitié des bagels. Enveloppez
les bagels de film alimentaire. Les bagels enveloppés
ainsi peuvent se conserver 1 à 2 jours au réfrigérateur.

Pour des bagels au saumon fumé et aux asperges,
remplacez le bœuf par 125 g de saumon fumé et
le cresson par 1 cuillerée à café de zeste de citron
finement râpé. Faites griller les bagels comme ci-dessus
et garnissez-les de mayonnaise au citron, de saumon
fumé et d'asperges.

sandwichs jambon-fromage-tomate

Pour **2 personnes**
Préparation **10 minutes**

1 gousse d'**ail** coupée
en deux
4 grandes tranches de **pain
blanc**
2 **tomates** dont 1 coupée en
deux et 1 en fines tranches
150 g de **jambon blanc**
coupé en fines tranches
75 g de **fromage manchego**
coupé en tranches

Frottez le pain avec l'ail en insistant sur la croûte,
puis frottez-le avec la tomate coupée en deux.

Formez un sandwich en alternant le jambon, le fromage
et les tranches de tomate entre les tranches de pain.
Coupez les sandwichs en deux et enveloppez-les
dans du film alimentaire. Les sandwichs emballés
se conservent 1 jour au réfrigérateur.

Pour des sandwichs au salami et à la mozzarella,
parfumez le pain avec l'ail et la tomate comme ci-dessus
et garnissez les tranches de pain avec 150 g de salami
coupé en fines tranches et 75 g de mozzarella. Ajoutez
1 tomate coupée en tranches. Mettez-les sur une plaque
de cuisson. Préchauffez le four à 200 °C. Faites chauffer
les sandwichs pendant 10 minutes. Servez-les chauds,
coupés en triangles.

wraps au poulet

Pour **4 personnes**
Préparation **15 minutes**
Cuisson **5 minutes**

2 c. à s. d'**huile d'olive**
3 **blancs de poulet**
    sans peau de 150 g
    chacun, coupés
    en fines lanières
3 c. à s. de **miel** liquide
1 c. à c. de **moutarde**
    à l'ancienne
4 **tortillas de blé** souples

Coleslaw
¼ de petit **chou blanc**
    coupé en fines lanières
1 grosse **carotte** râpée
3 c. à s. d'**huile d'olive**
2 c. à s. de **vinaigre de vin**
1 c. à c. de **moutarde**
    de Dijon
2 c. à s. de **persil** haché

Préparez le coleslaw. Mélangez le chou et la carotte dans un grand saladier. Mélangez l'huile d'olive, le vinaigre et la moutarde dans un bol. Versez ce mélange sur le chou et la carotte puis remuez bien. Ajoutez le persil et mélangez de nouveau. Réservez.

Faites chauffer l'huile d'olive dans une grande poêle antiadhésive et faites cuire le poulet 4 à 5 minutes à feu vif jusqu'à ce qu'il soit doré et bien cuit. Retirez du feu et ajoutez le miel et la moutarde. Mélangez bien.

Faites chauffer les tortillas au micro-ondes pendant 10 secondes à puissance maximale (ou dans un four chaud) et garnissez-les de coleslaw et de poulet. Roulez chaque tortilla et coupez-les en deux avant de les servir.

Pour des wraps au jambon fumé, remplacez le poulet par 3 tranches de jambon fumé de 175 g chacune, coupées en lanières. Faites chauffer l'huile d'olive dans une poêle et faites revenir le jambon à feu vif pendant 3 à 4 minutes jusqu'à ce qu'il soit doré et croustillant. Retirez du feu et mélangez avec 3 cuillerées à soupe de sirop d'érable, à la place du miel, et la moutarde. Formez les wraps comme ci-dessus.

wraps de dinde à la chinoise

Pour **2 personnes**
Préparation **10 minutes**
Cuisson **1 à 2 minutes**

½ c. à c. d'**huile végétale**
100 g de **blanc de dinde**
  coupé en fines lanières
1 c. à s. de **miel** liquide
2 c. à s. de **sauce soja**
1 c. à s. d'**huile de sésame**
2 **tortillas de blé** souples
50 g de **germes de soja**
¼ de **poivron rouge** équeuté,
  épépiné et coupé
  en fines lanières
¼ d'**oignon** coupé
  en fines tranches
25 g de **pois gourmands**
  coupés en lanières
2 mini **épis de maïs** coupés
  en fines tranches

Faites chauffer l'huile dans une poêle à feu moyen et ajoutez la dinde. Faites revenir 1 à 2 minutes. Baissez le feu et ajoutez le miel, la sauce soja et l'huile de sésame. Remuez pour bien napper la viande. Retirez la poêle du feu et laissez refroidir.

Assemblez les wraps en mettant la moitié de la dinde au centre d'une tortilla. Ajoutez la moitié des germes de soja, du poivron, de l'oignon, des pois gourmands et des mini épis de maïs. Recommencez avec l'autre tortilla. (Vous pouvez également conserver l'autre tortilla et la garniture pour un autre jour ; la garniture se conserve 24 heures au réfrigérateur.)

Roulez la tortilla et enveloppez le wrap obtenu dans du papier sulfurisé (le film alimentaire risquerait de le ramollir).

Pour des wraps au porc et au pak choy à la chinoise, remplacez la dinde par 125 g de filet de porc coupé en lanières et mélangez à ½ cuillerée à café de cinq-épices. Faites cuire la viande comme ci-dessus pendant 3 à 4 minutes. Ajoutez 1 petit pak choy coupé en fines lanières avec le miel, la sauce soja et l'huile de sésame. Faites cuire 2 minutes de plus. Formez les wraps comme ci-dessus mais en remplaçant les pois gourmands, l'oignon et les mini épis de maïs par 125 g de germes de soja.

wraps au canard à la pékinoise

Pour **2 wraps**
Préparation **10 minutes**
Cuisson **10 minutes**
environ

1 **magret de canard**
de 175 g avec la peau,
coupé en très fines tranches
½ c. à c. de **cinq-épices**
1 c. à s. d'**huile végétale**
2 grandes **tortillas de blé**
souples
2 c. à s. de **sauce hoisin**
2 feuilles de **salade iceberg**
coupées en fines lanières
5 cm de **concombre** coupé
en bâtonnets
2 **ciboules** émincées
en biais

Mettez les tranches de magret dans une assiette et saupoudrez-les de cinq-épices en les recouvrant bien. Faites chauffer l'huile dans une petite poêle pendant 1 minute. Ajoutez les tranches de magret et faites-les cuire 5 minutes en les retournant à l'aide d'une spatule. Retirez le magret de la poêle à l'aide de la spatule et laissez-le refroidir sur une assiette le temps de préparer la garniture.

Faites chauffer les tortillas, une par une, au micro-ondes pendant 8 secondes à puissance maximale. Vous pouvez également les faire chauffer sous le gril ou dans une poêle pendant 10 secondes environ.

Étalez la sauce hoisin sur l'une des faces des tortillas. Mettez au centre de chaque tortilla une rangée de salade iceberg, puis ajoutez le concombre, les ciboules et le magret de canard sans recouvrir les bordures.

Repliez deux des côtés sur la garniture et roulez la tortilla pour former un wrap. Coupez les wraps en deux, emballez-les dans du papier sulfurisé et placez au réfrigérateur jusqu'au moment de les servir.

Pour des wraps pékinois à l'agneau et à la laitue, mélangez 175 g de filet d'agneau coupé en lanières avec le cinq-épices et faites cuire comme ci-dessus. Disposez la salade, le concombre et les ciboules comme ci-dessus et ajoutez de fines tranches de carotte.

paninis thon-maïs-fromage

Pour **2 personnes**
Préparation **10 minutes**
Cuisson **11 à 13 minutes**

200 g de **thon à l'huile**
ou **au naturel** en boîte,
égoutté
75 g de **grains de maïs**
surgelés ou en boîte
3 c. à s. de **mayonnaise**
2 **paninis** coupés en deux
horizontalement
75 g de **gruyère** ou
d'**emmental** coupé
en fines tranches

Émiettez le thon dans un saladier. Mettez le maïs dans une petite casserole et ajoutez de l'eau bouillante à hauteur. Faites cuire 3 minutes puis égouttez dans une passoire. Rincez le maïs à l'eau froide et ajoutez-le au thon. (Si vous utilisez du maïs en boîte, rincez-le et égouttez-le avant de l'ajouter au thon.) Incorporez la mayonnaise puis mélangez bien.

Étalez le mélange obtenu sur le pain. Ajoutez le fromage et posez l'autre moitié du pain. Pressez bien.

Faites chauffer une poêle ou un grill en fonte pendant 2 minutes. Posez les paninis et faites-les cuire 3 à 4 minutes de chaque côté à feu doux, en les retournant délicatement à l'aide d'une spatule ou d'une pince. Servez chaud ou enveloppez les paninis dans du papier sulfurisé puis placez-les au réfrigérateur jusqu'au moment de servir.

Pour des paninis à l'haloumi et aux légumes,
faites chauffer 1 cuillerée à soupe d'huile d'olive dans une poêle et faites cuire 1 petite courgette coupée en fines tranches et 1 poivron rouge coupé en fines tranches pendant 3 à 4 minutes. Garnissez les paninis avec les légumes et recouvrez-les de 125 g de fromage haloumi coupé en fines tranches. Faites cuire comme ci-dessus et posez sur des assiettes pour servir.

burgers aux légumes

Pour **8 burgers**
Préparation **20 minutes**
  + refroidissement
Cuisson **12 à 15 minutes**

250 g d'**épinards** lavés
  et essorés
1 c. à s. d'**huile d'olive**
1 petit **poivron rouge**
  équeuté, épépiné
  et coupé en petits dés
4 **ciboules** coupées
  en fines tranches
400 g de **pois chiches**
  en boîte, égouttés et rincés
125 g de **ricotta**
1 **jaune d'œuf**
½ c. à c. de **coriandre**
  en poudre
50 g de **farine**
1 **œuf** battu
175 g de **chapelure**
  complète
4 c. à s. d'**huile végétale**

Pour servir
8 **mini pains à burger**
ketchup (facultatif)
tomates cerises (facultatif)

Faites fondre les épinards dans une casserole
2 à 3 minutes à feu moyen, en remuant sans cesse.
Retirez du feu, égouttez et réservez.

Faites chauffer l'huile d'olive dans une poêle et faites
fondre le poivron et les ciboules à feu moyen pendant
4 à 5 minutes. Réservez.

Mixez finement les pois chiches et la ricotta dans un
robot. Ajoutez les épinards, le jaune d'œuf et la coriandre,
puis mixez de nouveau. Versez dans un saladier et
incorporez le poivron et les ciboules. Formez 8 boulettes
puis aplatissez-les. Farinez-les légèrement, trempez-les
dans l'œuf battu puis dans la chapelure pour les
recouvrir. Placez au réfrigérateur pendant 30 minutes.

Faites chauffer l'huile dans une grande poêle et faites
cuire les galettes à feu moyen pendant 6 à 7 minutes
de chaque côté. Mettez-les dans les pains à burger
et ajoutez du ketchup si vous le souhaitez. Servez
éventuellement avec des tomates cerises.

Pour des burgers à la saucisse et au poivron,
faites cuire les épinards, le poivron et les ciboules
comme ci-dessus. Hachez grossièrement les épinards.
Mettez 375 g de chair à saucisse dans un saladier puis
incorporez 1 cuillerée à soupe de chutney à la tomate
et 1 cuillère à café de moutarde de Dijon. Ajoutez
les épinards, le poivron et les ciboules, puis mélangez.
Faites chauffer l'huile dans une poêle et faites cuire
2 à 3 minutes de chaque côté. Assemblez les burgers
et servez comme ci-dessus.

roulés marocains à l'agneau

Pour **2 roulés**
Préparation **15 minutes**
Cuisson **10 minutes**

250 g d'**agneau haché**
1 c. à c. de **cannelle
en poudre**
3 c. à s. de **pignons de pin**
2 pains **naan** chauds
200 g d'**houmous**
2 c. à s. de **feuilles
de menthe**
1 **laitue sucrine** coupée
en fines lanières (facultatif)

Faites revenir l'agneau dans une grande poêle antiadhésive pendant 8 à 10 minutes. Ajoutez la cannelle et les pignons de pin, puis faites cuire 1 minute de plus. Retirez du feu.

Mettez les naans chauds sur une planche à découper et aplatissez-les à l'aide d'un rouleau à pâtisserie.

Mélangez l'houmous avec la moitié de la menthe, puis étalez une couche épaisse de ce mélange sur les naans chauds. Étalez la viande d'agneau, puis la salade, si vous en utilisez, et le reste de menthe. Formez des rouleaux que vous maintenez fermés à l'aide de pics en bois. Servez aussitôt ou enveloppez-les dans une feuille d'aluminium pour les transporter.

Pour des roulés d'agneau kofta, mélangez l'agneau haché cru avec 4 ciboules finement hachées, 1 cuillerée à café de cannelle en poudre, 1 tomate coupée en petits dés et 1 jaune d'œuf. Formez une galette fine avec ce mélange et faites-la cuire dans une grande poêle 3 minutes d'un côté, puis 2 minutes de l'autre jusqu'à ce que la viande soit grillée. Étalez 2 cuillerées à soupe de yaourt à la grecque dans un pain naan chaud, parsemez de feuilles de menthe et de laitue sucrine coupée en fines lanières, si vous en utilisez, et posez la viande sur le naan. Formez un rouleau et fixez-le avec des pics en bois. Coupez le rouleau en deux et servez-le pour 2 personnes.

wraps au poulet et au bacon

Pour **2 wraps**
Préparation **15 minutes**
Cuisson **5 minutes**

1 c. à s. d'**huile d'olive**
2 **blancs de poulet**
de 150 g chacun
2 tranches de **bacon** nature
2 **tortillas de blé** souples
4 c. à s. de **mayonnaise**
2 poignées d'**épinards**

Huilez légèrement 2 feuilles de film alimentaire.
Mettez les blancs de poulet entre les deux feuilles
de film alimentaire en les espaçant et aplatissez-les
à l'aide d'un rouleau à pâtisserie pour obtenir
des escalopes de 5 mm d'épaisseur.

Faites chauffer un gril en fonte ou une poêle à fond
épais, puis faites cuire les escalopes de poulet pendant
5 minutes en les retournant à mi-cuisson. Ajoutez
le bacon les 2 dernières minutes de cuisson.

Étalez 2 cuillerées à soupe de mayonnaise sur
chaque tortilla. Ajoutez les escalopes de poulet, puis
les tranches de bacon. Ajoutez les épinards, puis
formez un rouleau en le fixant avec des pics en bois.
Coupez les rouleaux en deux et servez-les aussitôt, ou
enveloppez-les dans du papier sulfurisé et fermez-les
avec une ficelle pour les transporter.

Pour des wraps au thon et au coleslaw, mélangez
200 g de thon au naturel en boîte, égoutté, avec
2 tomates coupées en dés et 1 cuillerée à soupe
de ciboulette hachée. Mélangez dans un saladier
1/8 de chou blanc coupé en fines lanières, 1 grosse
carotte râpée et 1 cuillerée à café de graines de pavot.
Mélangez 4 cuillerées à soupe de mayonnaise
et 2 cuillerées à soupe d'eau, puis ajoutez-les dans
le saladier contenant le chou. Remuez pour mélanger.
Étalez le mélange au thon sur 4 tortillas de blé, puis
ajoutez le coleslaw. Formez un rouleau et fixez-le
avec des pics en bois comme ci-dessus.

mini burgers de bœuf

Pour **8 mini burgers**
Préparation **10 minutes**
+ refroidissement
Cuisson **12 à 15 minutes**

375 g de **bœuf haché**
2 c. à s. de **ketchup**
1 c. à s. de **moutarde
à l'ancienne**
3 c. à s. de **ciboulette**
hachée
1 c. à s. d'**huile d'olive**
100 g de **champignons
de Paris** coupés
en tranches
8 fines tranches de **gruyère**

Pour servir
4 mini **pains à burger**
coupés en deux
ketchup ou **autre sauce**
de votre choix

Mettez la viande hachée, le ketchup, la moutarde et la ciboulette dans un saladier. Écrasez les ingrédients avec une fourchette pour obtenir un mélange bien homogène. Formez 8 petites galettes et déposez-les sur une assiette. Couvrez-les avec du film alimentaire et placez-les 30 minutes au réfrigérateur pour les raffermir.

Faites chauffer l'huile d'olive dans une grande poêle ou un gril en fonte. Faites cuire les champignons à feu vif pendant 3 à 4 minutes jusqu'à ce qu'ils soient dorés. Retirez les champignons de la poêle à l'aide d'une écumoire. Faites cuire les galettes dans la poêle à feu moyen 4 à 5 minutes de chaque côté. Posez une tranche de gruyère sur chaque galette et couvrez avec une plaque de cuisson pendant 1 minute pour faire ramollir le fromage.

Posez sur le fond de chaque petit pain une galette au fromage puis ajoutez quelques champignons. Étalez du ketchup ou la sauce que votre enfant préfère sur l'autre moitié des petits pains et posez-les sur les champignons. Servez.

Pour des burgers au porc et à la pomme, remplacez le bœuf par 375 g de porc haché. Épépinez 1 pomme et râpez-la avec la peau. À l'aide d'une fourchette, écrasez la viande hachée, la moutarde et la ciboulette pour obtenir un mélange homogène. Formez 8 galettes et faites-les cuire comme ci-dessus. Assemblez les burgers puis servez.

chaussons au fromage et au bacon

Pour **6 personnes**
Préparation **15 minutes**
Cuisson **20 à 25 minutes**

500 g de **pâte feuilletée**
farine pour le plan de travail
2 c. à c. de **moutarde**
  de Dijon (facultatif)
50 g de **gruyère**
  coupé en fines tranches
50 g de **cheddar**
  coupé en fines tranches
3 c. à s. de **persil** haché
6 tranches de **bacon**
1 **œuf** battu

Étalez la pâte sur un plan de travail légèrement fariné pour former un rectangle de 30 x 45 cm. Coupez la pâte en 6 carrés de 15 cm de côté.

Badigeonnez les carrés de pâte d'une fine couche de moutarde. Posez une tranche de gruyère puis une tranche de cheddar sur chaque carré de pâte en diagonale. Parsemez de persil et ajoutez le bacon. Badigeonnez les bordures avec un peu d'eau tiède, puis repliez le carré en deux pour former un triangle. Pressez les bords avec une fourchette pour les souder. Posez les chaussons sur une plaque de cuisson.

Préchauffez le four à 200 °C. Badigeonnez les chaussons avec l'œuf battu et faites cuire 20 à 25 minutes jusqu'à ce qu'ils soient dorés. Servez-les chauds.

Pour des chaussons à l'haloumi et à la tomate, remplacez le bacon et les fromages par 175 g de fromage haloumi coupé en fines tranches et 125 g de tomates cerises coupées en deux. Disposez-les sur les carrés de pâte moutardés et parsemez de persil. Faites cuire comme ci-dessus.

hamburgers à la dinde et patates douces

Pour **6 personnes**
Préparation **15 minutes**
+ réfrigération
Cuisson **40 minutes**

750 g de **patates douces**
avec la peau, lavées
et coupées en quartiers
2 c. à s. d'**huile
de tournesol**
500 g de **dinde** hachée
½ **poivron rouge**, épépiné
et haché
325 g de **maïs doux**
en boîte, rincé et égoutté
1 **oignon** haché
1 **œuf** battu
6 **petits pains** complets
6 feuilles de **laitue**
2 ou 3 **tomates** coupées
en rondelles
sel et **poivre**

Tournez les quartiers de patates douces dans 1 cuillerée à soupe d'huile de tournesol. Assaisonnez selon votre goût et faites cuire 30 minutes dans un four préchauffé à 200 °C. Remuez à mi-cuisson.

Pendant ce temps, mélangez la dinde hachée, le poivron rouge, le maïs et l'oignon dans un grand saladier. Assaisonnez selon votre goût puis ajoutez l'œuf. Façonnez 6 boulettes de viande et réservez-les au réfrigérateur 30 minutes.

Faites chauffer 1 cuillerée à soupe d'huile dans une poêle à frire, à feu moyen. Aplatissez les boulettes à la dinde en galettes et faites-les dorer à la poêle 2 minutes de chaque côté, en deux fois. Ensuite, posez-les sur une plaque de cuisson et enfournez pour 15 minutes, en dessous des patates douces.

Coupez les petits pains en deux et faites-les chauffer, côté coupé vers le bas, dans la poêle chaude. Quand ils sont chauds, garnissez-les de salade, de tomates et de galettes de viande. Servez les hamburgers avec les quartiers de patates douces.

Pour une version végétarienne, remplacez la dinde par la même quantité de quorn (substitut de viande) haché ou de purée de pommes de terre.

paninis à la patate douce et à la fontina

Pour **2 à 4 personnes**
Préparation **10 minutes**
Cuisson **10 à 15 minutes**

250 g de **patates douces**,
  pelées et émincées
1 c. à s. d'**huile d'olive**
  vierge extra
huile végétale pour la friture
12 feuilles de **sauge**
1 **ciabatta**
2 c. à s. de **tapenade**
  toute prête
250 g de **fontina** coupée
  en tranches fines
sel et **poivre noir**

Badigeonnez les tranches de patates douces d'huile d'olive. Salez et poivrez. Faites chauffer une poêle-gril et faites-y cuire les patates douces 3 à 4 minutes de chaque côté, en plusieurs fois, jusqu'à ce qu'elles soient fondantes et bien grillées. Réservez. Nettoyez la poêle.

Pendant ce temps, faites chauffer un peu d'huile végétale dans une petite poêle à frire et faites-y revenir les feuilles de sauge à feu moyen-vif 1 à 2 minutes, en remuant, jusqu'à ce qu'elles croustillent. Retirez du feu et déposez les feuilles de sauge sur du papier absorbant.

Coupez la ciabatta en quatre. Taillez les morceaux de pain de façon qu'ils entrent dans la poêle-gril. Faites chauffer la poêle et frottez le fond avec un peu d'huile végétale. Déposez les morceaux de ciabatta dans la poêle, côté coupé vers le bas, et faites griller 1 minute. Procédez en plusieurs fois si nécessaire.

Nappez la face grillée du pain de tapenade, puis assemblez les morceaux deux par deux en les garnissant de fontina, de feuilles de sauge et de patates douces.

Déposez les sandwichs dans la poêle et faites griller 1 à 2 minutes de chaque côté jusqu'à ce que le fromage au centre soit fondu. Servez aussitôt avec une salade verte.

Pour une version aubergine-mozzarella, remplacez les tranches de patates douces par une grosse aubergine que vous couperez en tranches de 5 mm d'épaisseur, et la fontina par de la mozzarella. À la place de la sauge, utilisez des feuilles de basilic mais ne les faites pas cuire.

déjeuners

salade de couscous ananas-grenade

Pour **2 ou 3 personnes**
Préparation **20 minutes**
Cuisson **2 minutes**

150 g de **semoule**
   pour couscous
200 g de **bouillon**
   de légumes chaud
50 g de **haricots verts**,
   équeutés et coupés
   en tronçons
   de 1 cm de long
1 petite **orange**
2 c. à s. d'**huile d'olive**
1 c. à s. de **miel** liquide
1 **grenade**
½ petit **ananas**
   coupé en petits morceaux
1 petit **poivron rouge**
   équeuté, épépiné
   et coupé en dés

Mettez la semoule dans un saladier et ajoutez le bouillon de légumes. Couvrez et laissez gonfler pendant 20 minutes.

Pendant ce temps, portez une petite casserole d'eau à ébullition et faites-y cuire les haricots verts 2 minutes. Égouttez-les dans une passoire et rincez-les à l'eau froide.

Râpez finement le zeste de l'orange et pressez le jus. Mélangez dans un bol le zeste et le jus d'orange, l'huile d'olive et le miel. Fouettez légèrement avec une fourchette.

Coupez la grenade en deux. Séparez les deux moitiés avec vos mains et détachez les quartiers. Détachez les graines et jetez les membranes blanches qui sont amères. Ajoutez les graines de grenade, les haricots verts, l'ananas et le poivron rouge dans le saladier contenant la semoule et versez l'assaisonnement réalisé avec le jus d'orange. Mélangez bien et placez au réfrigérateur jusqu'au moment de servir.

Pour une salade de couscous au poulet, petits pois et menthe, préparez la semoule comme ci-dessus et laissez-la gonfler. Remplacez les haricots verts par 175 g de poulet cuit, 125 g de petits pois cuits et 3 cuillerées à soupe de menthe fraîche hachée. Mélangez le zeste et le jus de ½ citron avec 200 ml de crème fraîche épaisse. Servez la salade de couscous avec la sauce à la crème.

patates douces
et pommes de terre rôties

Pour **6 personnes**
Préparation **20 minutes**
Cuisson **30 à 35 minutes**

3 **patates douces**
   avec la peau
2 grosses **pommes de terre**
   avec la peau
3 c. à s. d'**huile d'olive**
1 c. à c. d'**épices cajuns**
2 c. à s. de **persil** haché

Sauce à la ciboulette
150 ml de **yaourt**
   à la grecque
4 c. à s. de **crème fraîche**
   épaisse
4 c. à s. de **ciboulette**
   hachée
2 c. à s. de **parmesan**
   fraîchement râpé

Coupez les patates douces en frites en les coupant d'abord en deux puis en quatre. Mettez les morceaux de patates douces dans un grand saladier. Coupez les pommes de terre en frites en les coupant d'abord en deux, puis en six puis mettez-les dans le saladier. Arrosez-les d'huile d'olive et remuez pour bien les enrober.

Préchauffez le four à 200 °C. Étalez les patates douces et les pommes de terre sur une plaque de cuisson sans les superposer. Saupoudrez d'épices cajuns. Faites rôtir au four pendant 30 à 35 minutes jusqu'à ce qu'elles soient dorées et cuites. Disposez-les sur le plat de service et parsemez de persil.

Pour la sauce à la ciboulette, mélangez le yaourt, la crème, la ciboulette et le parmesan dans un bol. Servez la sauce avec les patates douces et les pommes de terre chaudes.

Pour une sauce au concombre et à l'ail à servir à la place de la sauce à la ciboulette, remplacez la ciboulette et le parmesan par ¼ de concombre râpé et 1 gousse d'ail écrasée. Incorporez 2 cuillerées à soupe de menthe hachée et mélangez. Servez la sauce avec les patates douces et les pommes de terre chaudes.

asperges au jambon

Pour **4 personnes**
Préparation **10 minutes**
Cuisson **15 minutes**

2 bottes d'**asperges vertes**
1 c. à s. d'**huile d'olive**
25 g de **beurre** ramolli
16 tranches de **jambon cru**
 (de Parme, prosciutto
 ou serrano)
4 c. à s. de **parmesan**
 fraîchement râpé

Préchauffez le four à 200 °C. Coupez la base dure des asperges de façon à obtenir des asperges de 15 cm de long.

Portez une grande casserole d'eau à ébullition. Faites cuire les asperges pendant 5 minutes puis retirez-les à l'aide d'une écumoire et mettez-les dans un saladier. Arrosez-les d'huile d'olive.

Beurrez un plat à gratin. Enroulez chaque asperge dans une tranche de jambon et placez-les côte à côte dans le plat à gratin. Parsemez de parmesan. Enfournez pendant 10 minutes jusqu'à ce que le fromage soit doré et fondu.

Servez les asperges au jambon avec du pain de campagne.

Pour des asperges aux olives et à la mozzarella, remplacez le jambon cru par de fines tranches de jambon rôti au miel. Enroulez les asperges dans le jambon et mettez-les dans un plat à gratin beurré. Remplacez le parmesan par 50 g d'olives noires coupées en petits morceaux et 100 g de mozzarella coupée en petits morceaux. Faites cuire comme ci-dessus. Servez les asperges avec du pain de campagne.

couscous aux légumes grillés

Pour **6 personnes**
Préparation **15 minutes**
  + trempage
Cuisson **30 à 35 minutes**

175 g de **semoule
  pour couscous**
1 cube de **bouillon
  de poule**
450 ml d'**eau chaude**
2 **courgettes** coupées
  en morceaux
1 **poivron rouge** équeuté,
  épépiné et coupé
  en morceaux
1 **poivron jaune** équeuté,
  épépiné et coupé
  en morceaux
375 g de **courge butternut**
  pelée, épépinée et coupée
  en morceaux
1 **oignon rouge** haché
5 c. à s. d'**huile d'olive**
3 c. à s. de **persil** ou
  de **basilic** haché
5 c. à s. de **pignons de pin**
  grillés

Mettez la semoule dans un saladier, émiettez le cube de bouillon de poule et mélangez bien. Versez l'eau, mélangez, couvrez et laissez gonfler pendant que vous préparez les légumes.

Préchauffez le four à 200 °C. Mettez tous les légumes dans un grand plat à four et arrosez-les de 3 cuillerées à soupe d'huile d'olive. Mélangez. Faites cuire les légumes au four pendant 30 à 35 minutes jusqu'à ce qu'ils soient tendres et légèrement grillés.

Détachez les grains de semoule avec une fourchette et ajoutez le reste d'huile. Mélangez bien. Ajoutez les légumes chauds, le persil ou le basilic et les pignons de pin. Mélangez puis servez.

Pour du quinoa aux légumes grillés et aux noix de cajou grillées, remplacez la semoule par du quinoa. Lavez 175 g de quinoa dans une passoire et égouttez-le. Mettez-le dans une grande poêle antiadhésive et faites-le légèrement griller 2 à 3 minutes, à feu moyen, jusqu'à ce que les grains prennent une teinte plus foncée. Ajoutez 450 ml d'eau et 1 cube de bouillon de poule. Faites cuire 8 à 10 minutes à feu moyen jusqu'à ce que les grains soient tendres. Égouttez et réservez. Ajoutez les légumes grillés et le persil comme ci-dessus. Remplacez les pignons de pin par 100 g de noix de cajou grillées et grossièrement hachées.

patates douces au four et salade de crevettes

Pour **4 personnes**
Préparation **10 minutes**
Cuisson **25 à 30 minutes**

1 c. à s. d'**huile d'olive**
4 grosses **patates douces**
non pelées, lavées
et essuyées
250 g de **crevettes**
moyennes, décongelées
si surgelées
1 **avocat** mûr coupé
en petits morceaux
2 c. à s. de **mayonnaise**
2 c. à s. de **lait** ou d'**eau**
3 c. à s. de **crème fraîche**
1 c. à s. de **concentré**
de tomates

Pour servir
paprika en poudre
1 barquette de **graines**
germées d'alfalfa ou
autres graines germées

Préchauffez le four à 200 °C. Versez un peu d'huile sur chaque patate douce puis enduisez toute la peau. Mettez les patates douces sur une plaque de cuisson. Faites cuire 25 à 30 minutes.

Pendant ce temps, mettez les crevettes et l'avocat dans un saladier et mélangez. Mélangez la mayonnaise avec le lait ou l'eau jusqu'à ce que le mélange soit homogène, puis ajoutez la crème fraîche et le concentré de tomates. Mélangez bien. Ajoutez les crevettes et l'avocat, puis remuez délicatement.

Sortez les patates douces du four. Fendez-les pendant qu'elles sont chaudes sur le dessus et garnissez-les avec la salade de crevettes et d'avocat. Servez en décorant d'une pincée de paprika et de quelques graines germées d'alfalfa.

Pour des patates douces aux champignons
à la crème, faites cuire les patates douces comme ci-dessus. Faites chauffer 1 cuillerée à soupe d'huile d'olive dans une poêle et faites cuire 250 g de champignons de Paris coupés en quatre à feu vif, pendant 3 à 4 minutes. Retirez du feu. Ajoutez 200 ml de crème fraîche et 1 cuillerée à café de moutarde de Dijon. Mélangez pendant quelques secondes pour réchauffer la crème. Ajoutez les champignons sur les patates douces comme ci-dessus.

nouilles asiatiques aux crevettes

Pour **2 personnes**
Préparation **20 minutes**
Cuisson **10 minutes**

3 c. à s. de **sauce
aux prunes**
2 c. à s. de **vinaigre de riz**
2 c. à s. de **sauce soja**
100 g de **nouilles
asiatiques aux œufs**,
fines ou moyennes
1 c. à s. d'**huile végétale**
2 **ciboules** émincées
en biais
½ **piment rouge** doux
équeuté, épépiné
et finement haché
150 g de **pak choy** ou
de **chou chinois** coupé
en fines lanières
100 g de **mini épis de maïs**
coupés en deux en biais
200 g de **crevettes**
décortiquées, décongelées
si surgelées

Mélangez la sauce aux prunes, le vinaigre de riz
et la sauce soja dans un bol. Réservez.

Portez à ébullition une grande quantité d'eau dans
une casserole moyenne. Faites-y cuire les nouilles
3 minutes. Égouttez-les dans une passoire.

Faites chauffer l'huile dans une grande poêle
ou un wok pendant 1 minute. Ajoutez les ciboules
et le piment. Faites-les revenir 1 minute en remuant
avec une cuillère en bois. Ajoutez le pak choy ou
le chou chinois et les mini épis de maïs, puis faites
revenir 2 à 3 minutes de plus jusqu'à ce que
les légumes soient cuits.

Ajoutez les nouilles, les crevettes et le mélange
des sauces dans la poêle et faites cuire à feu doux
en remuant délicatement jusqu'à ce que les ingrédients
soient mélangés et chauds. Servez aussitôt.

**Pour des nouilles asiatiques au bœuf et au lait
de coco,** remplacez le piment rouge et le pak choy
par 175 g de fleurettes de brocoli blanchies. Mettez-les
dans le wok avec les ciboules et faites cuire 1 minute.
Ajoutez 175 g de steak coupé en fines lanières et faites
sauter au wok 2 à 3 minutes. Ajoutez 400 ml de lait
de coco en boîte et 2 cuillerées à soupe de sauce soja
à la place de la sauce aux prunes. Mélangez avec
les nouilles. Faites chauffer pendant 1 minute environ
et servez aussitôt.

escalopes de poulet express

Pour **4 personnes**
Préparation **25 minutes**
Cuisson **20 minutes**

1 pain **ciabatta**
1 petite poignée
  de **ciboulette**
125 g de **beurre d'escargots**
  ramolli
5 c. à s. d'**huile d'olive**
4 **escalopes de poulet**
  coupées en deux
  horizontalement
4 **tomates** coupées
  en tranches
150 g de **mozzarella**
  égouttée et coupée
  en tranches
1 c. à s. de **vinaigre**
  de cidre
1 c. à s. de **moutarde**
  à l'ancienne
1 c. à c. de **sucre**
  en poudre

Coupez le pain en tranches de 1,5 cm d'épaisseur en les conservant attachées à la base.

Préchauffez le four à 220 °C. Ciselez la ciboulette et mélangez-en la moitié avec le beurre d'escargots. Étalez le beurre obtenu sur chaque tranche de pain. Posez le pain sur une feuille de papier d'aluminium et reformez la miche en resserrant les tranches. Faites cuire au four 10 minutes.

Faites chauffer 1 cuillerée à soupe d'huile d'olive dans une grande poêle. Faites-y cuire les escalopes de poulet 5 minutes à feu moyen jusqu'à ce que le dessous soit doré. Retournez les escalopes et faites-les cuire 5 minutes de plus.

À l'aide de gants de cuisine, ouvrez le papier d'aluminium et faites cuire le pain 10 minutes de plus.

Disposez les tranches de tomates et de mozzarella sur le plat de service.

Préparez la vinaigrette en mélangeant le reste d'huile, le vinaigre, la moutarde et le sucre dans un bol. Parsemez le reste de ciboulette sur les tomates et la mozzarella. Ajoutez la vinaigrette. À l'aide de gants de cuisine, sortez le pain du four. Servez les escalopes de poulet avec le pain à l'ail coupé en tranches et la salade de tomates et de mozzarella.

salade aux pois chiches

Pour **4 personnes**
Préparation **10 minutes**
Cuisson **5 minutes** (facultatif)

100 g de **boulgour**
4 c. à s. d'**huile d'olive**
1 c. à s. de **jus de citron**
2 c. à s. de **persil plat**
  haché
1 c. à s. de **menthe** hachée
400 g de **pois chiches**
  en boîte, égouttés et rincés
125 g de **tomates cerises**
  coupées en deux
1 c. à s. d'**oignon** doux haché
100 g de **concombre** coupé
  en dés
150 g de **feta** coupée en dés

Mettez le boulgour dans un saladier en verre et couvrez-le d'eau chaude à hauteur. Réservez-le jusqu'à ce que le boulgour ait absorbé toute l'eau (si vous souhaitez que le boulgour soit plus gonflé, faites-le cuire 5 minutes à la vapeur, puis étalez-le sur une assiette pour le faire refroidir).

Mélangez l'huile d'olive, le jus de citron, le persil et la menthe dans un grand saladier. Ajoutez les pois chiches, les tomates cerises, l'oignon, le concombre et le boulgour. Mélangez bien, puis ajoutez la feta en remuant délicatement pour éviter de casser le fromage.

Servez aussitôt, ou mettez la salade dans une boîte hermétique pour la transporter.

Pour une salade de thon, haricots blancs et olives noires, remplacez les pois chiches, les tomates cerises, l'oignon et le concombre par 200 g de thon en boîte, égoutté et émietté, 400 g de haricots blancs en boîte, égouttés et rincés, 100 g d'olives noires et 4 cuillerées à soupe de jus de citron. Remuez la salade au moment de servir.

nuggets de poulet épicés

Pour **4 personnes**
Préparation **15 minutes**
Cuisson **15 à 20 minutes**

50 g de **farine**
4 **blancs de poulet**
de 150 g chacun, coupés
en morceaux
1 **œuf** battu
150 g de **chapelure fine**
1 c. à c. d'**épices cajuns**
2 c. à s. de **persil** haché
ketchup pour servir

Préchauffez le four à 200 °C.

Étalez la farine sur une assiette et farinez les morceaux de poulet.

Versez l'œuf battu dans une assiette. Mélangez la chapelure, les épices cajuns et le persil dans une autre assiette. Trempez chaque morceau de poulet dans l'œuf battu, puis dans la chapelure aux épices. Mettez-les sur une plaque de cuisson.

Faites cuire les nuggets de poulet pendant 15 à 20 minutes jusqu'à ce qu'ils soient dorés et bien cuits.

Servez-les chauds avec du ketchup, si vous le souhaitez.

Pour des croquettes de saumon, remplacez le poulet par des filets de saumon. Coupez les filets en carrés ou en lanières. Mélangez la chapelure avec le zeste de 1 citron finement râpé, à la place des épices cajuns, et avec le persil comme ci-dessus. Trempez le saumon dans la chapelure. Faites cuire au four pendant 15 à 20 minutes et servez les croquettes de saumon avec de la mayonnaise parfumée au jus de citron.

102

brochettes de poulet satay

Pour **4 personnes**
Préparation **20 minutes**
  + marinade
Cuisson **8 à 10 minutes**

6 c. à s. de **sauce soja**
  foncée
2 c. à s. d'**huile de sésame**
1 c. à c. de **cinq-épices**
375 g de **blancs de poulet**
  coupés en fines
  lanières dans le sens
  de la longueur

Sauce
4 c. à s. de **beurre
  de cacahuètes**
1 c. à s. de **sauce soja**
  foncée
½ c. à c. de **coriandre
  en poudre**
½ c. à c. de **cumin
  en poudre**
1 pincée de **paprika**
  ou de **piment**
8 c. à s. d'**eau**
concombre coupé
  en bâtonnets pour servir

Mélangez la sauce soja, l'huile de sésame
et le cinq-épices dans un saladier. Ajoutez les lanières
de poulet et recouvrez-les de marinade. Couvrez et laissez
mariner 1 heure en remuant de temps en temps.

Glissez les lanières de poulet dans le sens de la longueur
en formant des zigzags sur 10 brochettes en bambou
(préalablement trempées dans de l'eau chaude pendant
30 minutes pour éviter qu'elles brûlent à la cuisson).
Faites cuire le poulet sous un gril chaud pendant
8 à 10 minutes jusqu'à ce qu'il soit bien doré.

Pendant ce temps, mettez tous les ingrédients
de la sauce dans une petite casserole et faites chauffer
en remuant. Versez la préparation dans un bol.

Posez le bol de sauce sur une assiette et disposez
le concombre d'un côté et les brochettes chaudes
autour.

Pour des brochettes de porc au satay, remplacez
le poulet par 375 g de filet de porc coupé en fines
lanières dans le sens de la longueur. Poursuivez
la recette comme ci-dessus. Pour les enfants qui
peuvent manger une sauce plus pimentée, faites
revenir ½ petit piment rouge finement haché dans
1 cuillerée à café d'huile d'olive et ajoutez-le
à la sauce aux cacahuètes.

nouilles au porc à l'aigre-douce

Pour **4 personnes**
Préparation **15 minutes**
Cuisson **12 à 16 minutes**

8 c. à s. de **ketchup**
3 c. à s. de **sucre roux**
2 c. à s. de **vinaigre de vin**
175 g de **nouilles chinoises aux œufs**
2 c. à s. d'**huile de sésame**
375 g de **viande de porc maigre** coupée en lanières
2,5 cm de **gingembre** frais, pelé et haché
1 gousse d'**ail** écrasée
125 g de **pois gourmands** coupés en deux dans le sens de la longueur
1 grosse **carotte** coupée en bâtonnets
175 g de **germes de soja**
200 g de **pousses de bambou** en boîte, égouttées

Mettez le ketchup, le sucre et le vinaigre dans une petite casserole et faites chauffer 2 à 3 minutes à feu doux pour faire fondre le sucre, puis réservez.

Faites cuire les nouilles pendant 3 à 5 minutes ou en suivant les instructions du paquet, puis égouttez-les et réservez-les.

Faites chauffer l'huile de sésame dans un wok ou une grande poêle. Faites cuire le porc à feu vif pendant 2 à 3 minutes jusqu'à ce qu'il commence à dorer, puis ajoutez le gingembre, l'ail, les pois gourmands et la carotte. Faites sauter 2 minutes de plus, puis ajoutez les germes de soja et les pousses de bambou. Faites sauter 1 minute pour les faire chauffer.

Ajoutez les nouilles chaudes et égouttées, ainsi que la sauce. Remuez à l'aide de deux cuillères pour bien mélanger les ingrédients. Servez dans des bols chauds.

Pour des nouilles sautées aux crevettes à la sauce soja, faites chauffer l'huile, puis faites revenir le gingembre, l'ail, les pois gourmands et la carotte pendant 2 à 3 minutes. Ajoutez les germes de soja et les pousses de bambou ainsi que 250 g de crevettes. Faites sauter 1 à 2 minutes. Remplacez les ingrédients de la sauce par 150 ml de sauce soja chauffée à feu doux dans une petite casserole. Ajoutez 1 cuillerée à soupe de fécule de maïs mélangée à 2 cuillerées à soupe d'eau et ½ cuillerée à café de cinq-épices. Mélangez et faites épaissir la sauce en remuant. Retirez du feu et mélangez la sauce avec les ingrédients sautés. Servez aussitôt.

cornets frites-poisson pané

Pour **4 personnes**
Préparation **20 minutes**
Cuisson **30 à 40 minutes**

750 g de **pommes de terre**
  à chair ferme coupées
  en frites
2 c. à s. d'**huile d'olive**
125 g de **chapelure**
le **zeste** finement râpé
  de 1 citron
3 c. à s. de **persil** haché
4 filets de **poisson à chair
  blanche** de 150 g chacun,
  coupés en 4 morceaux
50 g de **farine**
1 **œuf** battu
ketchup pour servir

Préchauffez le four à 200 °C. Mélangez les pommes de terre et l'huile d'olive. Faites-les cuire au four pendant 30 à 40 minutes en les retournant de temps en temps jusqu'à ce qu'elles soient dorées et croustillantes.

Pendant ce temps, mélangez la chapelure, le zeste de citron et le persil sur une assiette. Trempez les morceaux de poisson dans la farine, puis dans l'œuf battu et enfin dans la chapelure. Mettez les morceaux de poisson sur une plaque de cuisson et faites-les cuire au four avec les frites pendant les 20 dernières minutes de cuisson.

Pliez 4 feuilles de papier A5 en cônes et fixez-les avec du ruban adhésif. Placez les cônes dans un porte-bouteille pour les remplir de frites et posez les morceaux de poisson pané sur le dessus. Laissez les enfants s'amuser à les manger avec les doigts et proposez-leur du ketchup pour tremper leurs frites et leur poisson.

Pour une mayonnaise au citron à servir à la place du ketchup, mettez 1 œuf, 150 ml d'huile d'olive et 1 cuillerée à soupe de vinaigre de vin dans un gobelet, puis mixez avec un mixeur plongeant pour obtenir une mayonnaise onctueuse. Incorporez le zeste râpé de 1 petit citron, 2 cuillerées à soupe de jus de citron et 2 cuillerées à soupe de persil haché.

salade de riz au poulet et à l'ananas

Pour **4 personnes**
Préparation **40 minutes**

4 **blancs de poulet**
   sans la peau
   (de 125 g chacun), cuits
200 g de **riz complet** cuit
½ **ananas** coupé
   en morceaux
1 **poivron rouge** haché
3 petits **oignons blancs**
   hachés
50 g de **myrtilles** séchées
sel et **poivre**

Sauce à la moutarde
3 c. à s. d'**huile**
   de tournesol
4 c. à s. de **moutarde**
   de Dijon
1 c. à s. de **vinaigre de vin**
   rouge

Coupez les blancs de poulet en dés. Mélangez
les dés de viande avec le riz. Ajoutez l'ananas, le poivron,
les petits oignons blancs et les myrtilles séchées.
Salez et poivrez selon votre goût.

Préparez la sauce en mélangeant ensemble l'huile,
la moutarde, le vinaigre et 2 cuillerées à soupe d'eau.
Assaisonnez.

Versez la sauce sur la salade et servez aussitôt.

Pour une version végétarienne, remplacez le poulet
par 100 g de cerneaux de noix hachés et grillés.

dîners

soupe haricots-épinards
au lait de coco

Pour **4 personnes**
Préparation **5 minutes**
Cuisson **20 minutes environ**

1 c. à s. d'**huile d'olive**
1 **oignon** haché
2 grosses gousses d'**ail**
  écrasées
1 c. à c. de **coriandre**
  en poudre
800 g d'un **mélange**
  de haricots en boîte
  (haricots blancs, rouges,
  borlotti), égouttés
400 g de **lait de coco**
  en boîte
150 ml de **bouillon**
  de légumes
250 g d'**épinards** frais

Faites chauffer l'huile d'olive dans une grande casserole et faites fondre l'oignon et l'ail à feu moyen pendant 3 à 4 minutes. Ajoutez la coriandre et les haricots et faites cuire 1 minute. Ajoutez le lait de coco et le bouillon de légumes. Portez à ébullition, baissez le feu, couvrez et laissez mijoter pendant 10 minutes.

Ajoutez les épinards dans la casserole. Mélangez bien et faites cuire 5 minutes de plus.

Mixez la soupe dans un robot en deux fois jusqu'à ce qu'elle soit onctueuse. Versez dans des bols avec une louche et servez aussitôt.

Pour une soupe aux lentilles corail et aux lardons, faites chauffer 1 cuillerée à soupe d'huile d'olive et faites revenir 1 oignon haché, 100 g de lardons grossièrement hachés, 2 grosses carottes coupées en grosses rondelles et 1 gousse d'ail écrasée pendant 3 à 4 minutes. Ajoutez 250 g de lentilles corail, ½ cuillerée à café de noix de muscade en poudre et 900 ml de bouillon de poule. Portez à ébullition, baissez le feu, couvrez et laissez mijoter 40 minutes jusqu'à ce que les lentilles soient cuites. Mixez dans un robot en deux fois jusqu'à ce que la soupe soit onctueuse.

pâtes aux épinards et au fromage

Pour **4 personnes**
Préparation **10 minutes**
Cuisson **10 minutes**

250 g de **pâtes** (type penne,
   coquillette, macaroni)
300 g d'**épinards** frais
1 c. à c. de **noix**
   de muscade en poudre
50 g de **beurre**
50 g de **farine**
600 ml de **lait**
100 g de **gruyère** râpé

Faites cuire les pâtes 8 à 10 minutes dans de l'eau
bouillante salée ou en suivant les instructions du paquet.
Égouttez-les et réservez-les.

Pendant ce temps, faites cuire les épinards dans
une casserole d'eau bouillante 2 minutes à feu moyen.
Retirez-les du feu, égouttez-les bien puis remettez-les
dans la casserole et ajoutez la muscade. Réservez.

Faites fondre le beurre dans une casserole. Retirez
du feu, ajoutez la farine et mélangez bien. Remettez
sur le feu et faites cuire quelques secondes à feu doux,
en remuant sans cesse. Retirez du feu et ajoutez le lait
peu à peu en remuant entre chaque ajout. Remettez la
casserole sur le feu et faites chauffer en remuant sans
cesse pour faire épaissir la sauce Béchamel.

Retirez la sauce Béchamel du feu et ajoutez les épinards
et le gruyère. Mélangez puis versez dans le bol d'un
robot. Mixez pour obtenir une sauce onctueuse. Versez
dans la casserole et ajoutez les pâtes. Mélangez bien
pour napper les pâtes. Répartissez-les dans 4 assiettes
ou 4 bols chauds puis servez.

Pour des pâtes à la courgette et à l'ail, remplacez
les épinards par 3 grosses courgettes pelées et râpées.
Faites chauffer 1 cuillerée à soupe d'huile d'olive dans
une poêle antiadhésive et faites cuire les courgettes
et 1 gousse d'ail écrasée 4 à 5 minutes à feu moyen.
Ajoutez 3 cuillerées à soupe de ciboulette hachée
et la sauce Béchamel, puis mixez pour obtenir
une sauce onctueuse.

salade de riz au poulet

Pour **4 personnes**
Préparation **10 minutes**
+ refroidissement
Cuisson **15 minutes environ**

4 **cuisses de poulet**
sans peau et désossées
175 g de **riz long grain**
2 c. à c. de **jus de citron**
2 c. à s. de **beurre
de cacahuètes** (facultatif)
2 c. à s. d'**huile d'olive**
2 tranches d'**ananas**
coupées en morceaux
1 **poivron rouge** équeuté,
épépiné et coupé en dés
75 g de **pois gourmands**
coupés en tranches
4 c. à s. de **cacahuètes**
(facultatif)

Mettez les cuisses de poulet dans un panier vapeur et faites-les cuire à la vapeur sur une casserole d'eau bouillante pendant 10 à 12 minutes jusqu'à ce qu'elles soient bien cuites. Vous pouvez également les faire cuire dans un fond d'eau à la poêle pendant 10 minutes. Retirez le poulet du panier vapeur ou de la poêle et laissez-le refroidir.

Pendant ce temps, faites cuire le riz en suivant les instructions du paquet. Égouttez-le et rincez-le à l'eau froide pour le faire refroidir. Mettez-le ensuite dans un grand saladier.

Préparez l'assaisonnement : mélangez le jus de citron et le beurre de cacahuètes, si vous en utilisez, puis incorporez l'huile d'olive en fouettant.

Coupez le poulet en morceaux de la taille d'une bouchée et ajoutez-le au riz. Ajoutez l'ananas, le poivron rouge, les pois gourmands et les cacahuètes (facultatif). Versez l'assaisonnement sur la salade et servez.

Pour une salade de riz aux crevettes, préparez l'assaisonnement comme ci-dessus. Remplacez le poulet par 150 g de crevettes mélangées à 2 cuillerées à soupe de graines de sésame grillées. Coupez ¼ de concombre en petits bâtonnets. Mélangez le concombre, l'assaisonnement, les crevettes et les graines de sésame avec le riz.

gratin de pâtes au saumon

Pour **6 personnes**
Préparation **20 minutes**
Cuisson **30 minutes**

250 g de **pâtes** (type penne,
  coquillette, macaroni)
25 g de **beurre**
25 g de **farine**
300 ml de **lait**
200 ml de **crème fraîche**
100 g de **parmesan**
  fraîchement râpé
3 c. à s. d'**herbes fraîches**
  hachées (par exemple
  ciboulette ou **aneth**)
400 g de **saumon** en boîte,
  égoutté et émietté
100 g de **petits pois**
  surgelés

Faites cuire les pâtes 8 à 10 minutes dans de l'eau
bouillante salée ou en suivant les instructions
du paquet. Égouttez-les et réservez-les.

Faites fondre le beurre dans une casserole antiadhésive.
Retirez du feu, ajoutez la farine et mélangez bien.
Remettez sur le feu et faites cuire 1 minute à feu doux,
en remuant sans cesse. Retirez du feu et ajoutez le lait
peu à peu en remuant entre chaque ajout.

Remettez la casserole sur le feu et faites chauffer
en remuant sans cesse pour faire épaissir la sauce.
Ajoutez la crème fraîche et la moitié du parmesan,
puis mélangez bien. Ajoutez les pâtes égouttées, les
herbes, le saumon émietté et les petits pois. Remuez
délicatement. Remplissez 6 plats à gratin individuels
et parsemez avec le reste de parmesan.

Préchauffez le four à 180 °C. Faites cuire pendant
20 minutes jusqu'à ce que le dessus soit gratiné.
Servez avec du pain chaud et une salade verte.

Pour un gratin de pâtes au thon et aux maïs, remplacez
le saumon par 400 g de thon au naturel en boîte, égoutté
et émietté. Remplacez les petits pois par 100 g de maïs.
Ajoutez 1 cuillerée à soupe de moutarde à l'ancienne
et mélangez bien. Coupez une baguette en tranches
et beurrez-les avec du beurre d'escargots. Placez les
tranches de pain sur le dessus des pâtes. Parsemez
avec le reste de parmesan et faites cuire comme
ci-dessus.

spaghettis à la bolognaise

Pour **6 personnes**
Préparation **30 minutes**
Cuisson **35 minutes**

2 c. à s. d'**huile d'olive**
1 **oignon** finement haché
2 **carottes** râpées
1 **courgette** râpée
500 g de **bœuf haché**
2 c. à s. de **farine**
2 c. à s. de **concentré de tomates**
600 ml de **bouillon de bœuf**
200 g de **tomates** concassées en boîte
250 g de **spaghettis** ou de **linguine**
parmesan fraîchement râpé pour servir

Faites chauffer 1 cuillerée à soupe d'huile d'olive dans une grande casserole et faites fondre l'oignon, les carottes et la courgette 5 à 6 minutes à feu moyen en remuant de temps en temps. Retirez les légumes de la casserole et réservez.

Ajoutez le bœuf haché et faites cuire à feu vif 4 à 5 minutes, en remuant souvent. Remettez les légumes dans la casserole, ajoutez la farine et remuez pour enrober les ingrédients. Mélangez le concentré de tomates et le bouillon de bœuf, puis ajoutez-les dans la casserole ainsi que les tomates concassées. Portez à ébullition, baissez le feu, couvrez et faites mijoter pendant 20 minutes.

Pendant ce temps, faites cuire les pâtes pendant 8 à 10 minutes dans de l'eau bouillante salée ou en suivant les instructions du paquet. Égouttez les pâtes et arrosez-les de l'huile restante. Répartissez les pâtes dans des assiettes chaudes puis ajoutez la sauce bolognaise sur le dessus. Parsemez de parmesan râpé.

Pour un gratin de pâtes à la bolognaise, faites cuire 250 g de macaronis. Égouttez-les et mélangez-les avec 1 cuillerée à soupe d'huile d'olive. Préparez la sauce bolognaise comme ci-dessus et mélangez-la avec les macaronis. Mettez les pâtes dans un plat à gratin. Mélangez 200 ml de crème fraîche, 3 cuillerées à soupe de parmesan fraîchement râpé et 2 cuillerées à soupe de persil haché, puis versez sur les macaronis. Préchauffez le four à 200 °C. Faites cuire 20 à 25 minutes.

galettes pommes de terre-fromage

Pour **4 personnes**
Préparation **10 minutes**
Cuisson **25 minutes**

500 g de **pommes de terre**
à chair ferme non pelées
50 g de **gruyère** ou
d'**emmental** râpé
1 **oignon rouge** finement
haché
3 c. à s. d'**huile végétale**
ketchup pour servir

Mettez les pommes de terre dans une grande casserole, ajoutez de l'eau à hauteur et portez à ébullition. Faites cuire pendant 20 minutes jusqu'à ce que les pommes de terre soient cuites mais encore fermes. Égouttez-les et laissez-les refroidir.

Pelez les pommes de terre et râpez-les dans un saladier. Ajoutez le gruyère et l'oignon. Mouillez les mains et formez 4 galettes. Égalisez les contours.

Badigeonnez-les d'huile sur chaque face, posez-les sur une grille recouverte de papier d'aluminium et faites-les dorer sous le gril du four à feu moyen 2 à 3 minutes de chaque côté.

Servez les galettes de pommes de terre chaudes avec du ketchup. (Les galettes cuites peuvent se conserver 3 jours au réfrigérateur dans une boîte hermétique.)

Pour des galettes de pommes de terre, lardons et tomate, préparez la pâte comme ci-dessus mais sans oignon. Coupez 2 tranches de lard en petits dés et faites-les revenir à la poêle. Ajoutez les lardons, 1 grosse tomate hachée et 2 cuillerées à soupe de ketchup aux pommes de terre. Formez 4 galettes et faites-les cuire comme ci-dessus. Vous pouvez garnir des pains pita grillés avec ces galettes, du cresson et du ketchup.

galettes pommes de terre-saumon

Pour **6 personnes**
Préparation **30 minutes**
Cuisson **25 à 30 minutes**

500 g de **pommes de terre**
  à chair ferme pelées
25 g de **beurre**
250 g de **filet de saumon**
2 c. à s. d'**huile de tournesol**
200 ml de **crème fraîche**
3 **ciboules** coupées
  en fines tranches
2 c. à s. de **ciboulette**
  hachée
quartiers de **citron**
  pour servir

Portez une grande casserole d'eau légèrement salée à ébullition et faites cuire les pommes de terre pendant 10 minutes jusqu'à ce qu'elles commencent à devenir tendres. Égouttez-les et laissez-les refroidir.

Faites chauffer le beurre dans une petite poêle et ajoutez le saumon. Couvrez hermétiquement et baissez le feu. Faites cuire à feu très doux pendant 8 à 10 minutes jusqu'à ce que le saumon soit à peine cuit. Retirez du feu et laissez tiédir. Émiettez-le et mettez-le dans un saladier avec le jus de cuisson.

Râpez les pommes de terre refroidies, mettez-les dans le saladier avec le saumon et mélangez. Formez 6 galettes. Faites chauffer l'huile dans une grande poêle antiadhésive et faites cuire les galettes à feu moyen pendant 2 à 3 minutes de chaque côté jusqu'à ce qu'elles soient dorées.

Pendant ce temps, mettez la crème fraîche, les ciboules et la ciboulette dans un bol et mélangez. Égouttez les galettes sur du papier absorbant. Servez les galettes avec la crème aux herbes et les quartiers de citron.

Pour des galettes de pommes de terre au lard et aux œufs, suivez la recette ci-dessus sans mettre de saumon et en ajoutant 1 cuillerée à soupe de persil haché avant de former les galettes. Servez chaque galette cuite avec 2 fines tranches de lard grillées à la poêle et 1 œuf poché, posé sur le dessus ainsi que du ketchup maison.

macaronis gratinés au fromage

Pour **4 personnes**
Préparation **15 minutes**
Cuisson **25 minutes**
  environ

200 g de **macaronis**
100 g de **petits pois** frais
  ou surgelés
65 g de **beurre**
40 g de **farine**
500 ml de **lait**
1 c. à c. de **moutarde
  de Dijon**
150 g de **gruyère**
  grossièrement râpé
100 g de **jambon blanc**
  coupé en petits morceaux
65 g de **chapelure**

Faites cuire les macaronis pendant 10 minutes environ ou en suivant les instructions du paquet. Ajoutez les petits pois et faites cuire 2 minutes de plus. Égouttez et réservez.

Faites fondre 40 g de beurre dans la casserole lavée et essuyée. Ajoutez la farine et mélangez avec une cuillère en bois. Faites cuire à feu doux pendant 1 minute en remuant sans cesse. Retirez du feu et ajoutez le lait peu à peu en remuant entre chaque ajout. Remettez sur le feu et faites chauffer à feu doux en remuant sans cesse pour faire épaissir la sauce.

Ajoutez la moutarde, le gruyère et le jambon en remuant jusqu'à ce que le fromage ait fondu. Incorporez les macaronis et les petits pois. Remuez pour bien mélanger les ingrédients. Mettez le tout dans un plat à gratin.

Faites fondre le reste de beurre dans une petite casserole et ajoutez la chapelure. Mélangez jusqu'à ce que la chapelure ait absorbé le beurre. Parsemez la chapelure sur les macaronis et faites cuire sous un gril modéré pendant 5 minutes jusqu'à ce que la surface soit dorée. Vérifiez la cuisson car la chapelure a tendance à brûler rapidement. Sortez le plat à l'aide de gants de cuisine et servez.

Pour des macaronis gratinés à l'aubergine et au fromage, remplacez les petits pois et le jambon par ½ aubergine grossièrement râpée et cuite dans 2 cuillerées à soupe d'huile d'olive ainsi que 3 tomates coupées en petits morceaux. Recouvrez le dessus avec la chapelure et faites cuire comme ci-dessus.

risotto à la courge butternut

Pour **4 personnes**
Préparation **15 minutes**
Cuisson **25 minutes**
  environ

2 c. à s. d'**huile d'olive**
1 **oignon** finement haché
500 g de **courge butternut**
  pelée, épépinée et coupée
  en morceaux
250 g de **riz arborio**
900 ml de **bouillon**
  de poule
75 g de **parmesan**
  fraîchement râpé
  + un peu pour servir
4 c. à s. de **pignons de pin**
  grillés
250 g de **feuilles d'épinard**

Faites chauffer l'huile d'olive dans une grande poêle antiadhésive et faites fondre l'oignon et la courge à feu doux ou moyen pendant 10 minutes. Ajoutez le riz et faites cuire 1 minute, puis ajoutez la moitié du bouillon de poule. Portez à ébullition, baissez le feu et faites mijoter 5 minutes jusqu'à ce que bouillon soit presque absorbé, en remuant de temps en temps.

Continuez à ajouter du bouillon en versant 150 ml à la fois. Faites cuire à feu doux jusqu'à ce que le bouillon soit presque absorbé avant d'en ajouter. Lorsque le riz est cuit, retirez la poêle du feu, puis ajoutez le parmesan, les pignons de pin et les épinards. Mélangez bien pour faire fondre les épinards et remettez sur le feu 1 minute de plus si nécessaire.

Servez dans des bols chauds avec un peu de parmesan râpé.

Pour un risotto au poulet et aux petits pois,
remplacez la courge par 3 blancs de poulet de 150 g chacun, coupés en morceaux et cuits avec l'oignon. Faites cuire le risotto en suivant la recette ci-dessus mais en ajoutant 125 g de petits pois surgelés et en ajoutant les épinards à la fin si vous le souhaitez. Servez avec un peu de parmesan râpé.

tortilla espagnole

Pour **8 parts**
Préparation **10 minutes**
Cuisson **20 à 25 minutes**

2 c. à s. d'**huile d'olive**
2 **oignons** coupés
   en tranches
1 gousse d'**ail** écrasée
500 g de **pommes de terre**
   à chair ferme, cuites
   et coupées en tranches
6 **œufs**
50 ml de **lait**

Faites chauffer à feu doux 1 cuillerée à soupe d'huile d'olive dans une poêle moyenne possédant un manche en métal. Faites revenir les oignons et l'ail pendant 5 minutes. Ajoutez les pommes de terre pour les réchauffer.

Pendant ce temps, battez les œufs et le lait dans un saladier. Ajoutez les pommes de terre, les oignons et l'ail, puis mélangez bien.

Remettez la poêle sur le feu et faites chauffer le reste d'huile. Versez tout le contenu du saladier dans la poêle et faites cuire à feu doux pendant 7 à 8 minutes. Préchauffez le gril à température moyenne et finissez de cuire la tortilla sous le gril directement dans la poêle pendant 3 à 5 minutes jusqu'à ce que le dessus soit doré.

Retournez la tortilla sur un plat et laissez refroidir. Coupez les parts et servez chaud ou froid. (Vous pouvez conserver les restes de tortilla enveloppés dans du film alimentaire pendant 3 jours au réfrigérateur.)

Pour une tortilla au chorizo, mélangez 75 g de chorizo coupé en tranches avec les pommes de terre et 2 cuillerées à soupe de persil haché. Faites cuire comme ci-dessus. Servez chaud ou froid avec des tomates cerises.

feuilletés tomates-champignons

Pour **4 personnes**
Préparation **15 minutes**
Cuisson **15 à 20 minutes**

1 **pâte feuilletée** (400 g)
1 **poivron rouge** équeuté,
   épépiné et coupé
   en morceaux
2 **tomates** coupées
   en quartiers
125 g de **champignons
   de Paris** coupés en deux
2 c. à s. d'**huile d'olive**
6 **œufs**
8 fines tranches de **lard**
   sans couenne
15 g de **beurre**
   + pour le moule

Découpez la pâte feuilletée en 4 rectangles
de 12 x 10 cm. Avec la pointe d'un couteau, incisez
légèrement le contour des rectangles à 1 cm du bord
sans découper la pâte complètement. Mettez les
rectangles de pâte sur une plaque de cuisson beurrée.

Préchauffez le four à 220 °C. Répartissez le poivron,
les tomates et les champignons sur la pâte sans recouvrir
les bordures. Arrosez avec 1 cuillerée à soupe d'huile
d'olive et faites cuire 15 à 20 minutes.

Battez les œufs dans un bol. Faites chauffer le reste
d'huile dans une poêle et faites cuire les tranches
de lard 2 minutes de chaque côté jusqu'à ce qu'elles
soient croustillantes. Faites fondre le beurre dans une
grande casserole. Ajoutez les œufs battus et faites
cuire à feu doux en remuant.

Sortez la plaque du four et mettez les feuilletés
sur des assiettes. Ajoutez les œufs brouillés au milieu
des feuilletés et disposez les tranches de lard sur
le dessus. Servez aussitôt.

Pour des feuilletés à la saucisse et à la tomate,
faites cuire 8 chipolatas sous le gril chaud du four
8 à 10 minutes en les retournant régulièrement. Placez
8 petites tomates coupées en deux, côté chair vers
le haut, sous le gril 5 minutes avant la fin de la cuisson
des saucisses. Coupez les saucisses en deux et
mélangez-les avec les tomates et 1 cuillerée à soupe
de persil haché. Utilisez ce mélange pour garnir la pâte
feuilletée comme ci-dessus.

frites de légumes

Pour **4 personnes**
Préparation **15 minutes**
Cuisson **25 à 30 minutes**

2 **patates douces**
non pelées, coupées
en frites
1 **pomme de terre**
non pelée, coupée en frites
2 **panais** coupés
en longues frites
3 c. à s. d'**huile d'olive**
1 c. à c. d'**épices cajuns**
3 c. à s. de **persil** haché

Mayonnaise
1 œuf
150 ml d'**huile d'olive**
½ c. à c. de **moutarde
en poudre**
1 c. à s. de **vinaigre de vin**
1 c. à s. de **persil** haché

Préchauffez le four à 200 °C. Mettez tous les légumes dans un saladier. Arrosez avec l'huile d'olive et mélangez pour les enrober. Ajoutez les épices cajuns et remuez de nouveau. Étalez les frites sur une plaque de cuisson et faites cuire pendant 25 à 30 minutes jusqu'à ce qu'elles soient croustillantes et dorées.

Pendant ce temps, préparez la mayonnaise. Mettez tous les ingrédients, sauf le persil, dans un verre doseur et mixez à l'aide d'un mixeur plongeant. Lorsque la mayonnaise est montée, incorporez le persil.

Parsemez les frites de persil et servez avec la mayonnaise.

Pour une mayonnaise au fromage et à la ciboulette
à servir à la place de la mayonnaise ci-dessus, préparez la mayonnaise en suivant la recette et incorporez, en plus, 2 cuillerées à soupe de crème fraîche, 1 cuillerée à soupe de parmesan fraîchement râpé et 2 cuillerées à soupe de ciboulette ciselée. Servez avec les frites.

frittata haricots verts-bacon

Pour **4 personnes**
Préparation **10 minutes**
Cuisson **10 minutes**
  environ

175 g de **haricots verts**
  extra-fins
6 tranches de **bacon**
100 g de **petits pois**
  surgelés, décongelés
6 **œufs**
1 c. à c. de **moutarde**
  à l'ancienne
½ c. à c. de **paprika**
  en poudre
2 c. à s. d'**huile végétale**
4 c. à s. de **parmesan**
  fraîchement râpé

Faites cuire les haricots verts dans de l'eau bouillante pendant 5 minutes. Égouttez-les et rincez-les à l'eau froide pour arrêter la cuisson, puis coupez-les en petits morceaux. Pendant ce temps, faites dorer le bacon sous le gril préchauffé du four pendant 3 à 4 minutes. Laissez-le refroidir quelques instants, puis découpez-le à l'aide de ciseaux. Mélangez les haricots verts, le bacon et les petits pois.

Battez les œufs avec la moutarde et le paprika. Faites chauffer l'huile dans une poêle antiadhésive possédant une poignée en métal. Versez les œufs dans la poêle. Ajoutez les haricots verts, les petits pois et le bacon sur les œufs. Faites cuire à feu doux jusqu'à ce que le fond soit cuit.

Parsemez de parmesan et faites dorer l'omelette sous le gril pendant 2 à 3 minutes.

Coupez l'omelette en parts. Si vous ne la servez pas immédiatement, enveloppez-la dans du papier d'aluminium pour la garder au chaud.

Pour une omelette aux champignons et au bacon, supprimez les haricots verts et les petits pois. Faites chauffer 1 cuillerée à soupe d'huile d'olive dans une poêle et faites cuire 250 g de champignons de Paris coupés en quatre pendant 4 à 5 minutes. Ajoutez les champignons aux œufs battus et faites cuire comme ci-dessus. Parsemez de parmesan avant de passer l'omelette sous le gril. Découpez l'omelette en parts et servez chaud ou froid.

pizza au jambon et à l'ananas

Pour **4 personnes**
Préparation **25 minutes**
+ repos
Cuisson **20 minutes environ**

250 g de **farine complète**
½ c. à c. de **sel**
1 c. à c. de **levure
de boulanger sèche**
super active
150 ml d'**eau tiède**
1 c. à s. d'**huile d'olive**
+ un peu pour le moule

Garniture
2 c. à s. d'**huile d'olive**
1 petit **oignon** finement
haché
150 ml de **coulis
de tomates**
3 c. à s. de **concentré
de tomates**
3 tranches de **jambon blanc**
épaisses, coupées
en lanières
2 tranches d'**ananas** frais,
coupées en morceaux
150 g de **mozzarella**
coupée en fines tranches
thym pour décorer (facultatif)

Tamisez la farine et le sel dans un saladier. Ajoutez
la levure. Creusez un puits au centre puis ajoutez l'eau
et l'huile d'olive. Formez une boule de pâte puis
pétrissez-la 2 minutes. Pétrissez la pâte sur le plan
de travail fariné 2 minutes de plus jusqu'à ce qu'elle soit
élastique. Formez un disque de 30 cm de diamètre et
posez-le sur une plaque de cuisson légèrement huilée.
Couvrez-le avec du film alimentaire légèrement huilé et
laissez reposer pendant que vous préparez
la garniture.

Faites chauffer 1 cuillerée à soupe d'huile d'olive
dans une petite poêle et faites fondre l'oignon à feu
moyen 2 à 3 minutes. Retirez du feu et ajoutez le coulis
de tomates et le concentré de tomates. Étalez-les sur
le fond de pâte en laissant une bordure de 2,5 cm
puis ajoutez le jambon.

Préchauffez le four à 220 °C. Mélangez l'ananas
avec le reste d'huile. Disposez l'ananas sur le jambon,
puis ajoutez la mozzarella. Faites cuire pendant 15 à
18 minutes. Parsemez de thym si vous le souhaitez.

Pour une pizza au poulet et au chorizo, remplacez
le jambon et l'ananas par 2 blancs de poulet de 150 g
chacun et 100 g de chorizo coupé en fines tranches.
Faites chauffer 1 cuillerée à soupe d'huile dans une
poêle et faites cuire le poulet à feu moyen 3 à 4 minutes.
Ajoutez le chorizo et faites cuire 1 minute de plus.
Ajoutez 3 cuillerées à soupe de basilic frais puis étalez
ce mélange sur la pizza. Ajoutez ensuite la mozzarella.
Ne mettez pas de thym.

fajitas au poulet, salsa de tomates

Pour **4 personnes**
Préparation **20 minutes**
Cuisson **5 minutes environ**

½ c. à c. de **coriandre
en poudre**
½ c. à c. de **cumin en poudre**
½ c. à c. de **paprika
en poudre**
1 gousse d'**ail** écrasée
3 c. à s. de **coriandre**
fraîche hachée
375 g de **blancs de poulet**
coupés en lanières
de la taille d'une bouchée
1 c. à s. d'**huile d'olive**
4 **tortillas de blé** souples
crème fraîche pour servir
(facultatif)

Salsa de tomates

3 grosses **tomates** mûres
coupées en dés
3 c. à s. de **coriandre**
fraîche hachée
⅛ de **concombre** finement
haché
1 c. à s. d'**huile d'olive**

Guacamole

1 gros **avocat** coupé en dés
le **zeste** et le **jus**
de ½ **citron vert**
2 c. à c. de **sauce pimentée
douce** (facultatif)

Mettez les épices, l'ail et la coriandre dans un saladier. Badigeonnez les morceaux de poulet avec l'huile d'olive puis trempez-les dans les épices de chaque côté.

Préparez la salsa de tomates en mélangeant les tomates, la coriandre et le concombre dans un saladier. Versez l'huile d'olive et mélangez.

Préparez le guacamole en écrasant avec une fourchette l'avocat, le zeste et le jus de citron vert et éventuellement la sauce pimentée douce. Mettez le guacamole dans un bol.

Faites chauffer un gril en fonte ou une poêle, puis faites cuire le poulet pendant 3 à 4 minutes en le retournant de temps en temps jusqu'à ce qu'il soit doré. Garnissez les tortillas avec le poulet chaud, le guacamole et la salsa de tomates. Repliez les tortillas en quatre. Ajoutez une cuillerée de crème fraîche si vous le souhaitez.

Pour des fajitas au bœuf, remplacez le poulet par du rumsteck ou de l'aloyau coupé en fines lanières. Pour une version un peu plus piquante, remplacez le paprika par du piment doux.

farfalle aux asperges et au bacon

Pour **4 personnes**
Préparation **10 minutes**
Cuisson **15 minutes**

400 g d'**asperges**
  épluchées
1 grosse gousse d'**ail**
  écrasée
4 c. à s. d'**huile d'olive**
50 g de **parmesan**
  fraîchement râpé
8 tranches de **bacon**
  entrelardé ou de pancetta
400 g de **farfalle** sèches
sel et **poivre noir**
copeaux frais de **parmesan**
  pour servir

Coupez les pointes des asperges et réservez-les. Coupez les tiges en tronçons de 2,5 cm et faites-les blanchir 2 à 3 minutes dans une casserole d'eau bouillante salée jusqu'à ce qu'elles soient bien tendres. Égouttez-les et mixez-les au robot avec l'ail, l'huile d'olive et le parmesan jusqu'à obtenir une pâte lisse. Salez et poivrez.

Disposez les tranches de bacon sur une plaque allant au four de façon qu'elles ne se chevauchent pas et passez-les 5 à 6 minutes sous le gril préchauffé au préalable jusqu'à ce qu'elles soient dorées et croustillantes. Cassez-les en morceaux de 2,5 cm environ.

Pendant ce temps, faites cuire les pâtes dans une grande casserole d'eau bouillante salée en suivant les instructions de l'emballage jusqu'à ce qu'elles soient *al dente*, et ajoutez les pointes d'asperges 3 minutes avant la fin de la cuisson des pâtes.

Égouttez les pâtes et versez-les dans un saladier avec la sauce aux asperges. Parsemez de bacon croustillant et de copeaux de parmesan et servez aussitôt.

Pour faire aimer ce plat à des enfants difficiles, ne mettez pas de pointes d'asperges. La consistance crémeuse de la sauce et les morceaux croustillants de bacon permettent de découvrir l'asperge en douceur. Les enfants en mangeront sans même s'en rendre compte.

tortellini crème-jambon-petits pois

Pour **4 personnes**
Préparation **2 minutes**
Cuisson **8 à 12 minutes**

15 g de **beurre doux**
150 g de **petits pois**
  écossés, décongelés
  si vous les utilisez surgelés
75 g de **jambon** coupé
  en lanières
300 g de **crème fraîche**
1 bonne pincée de **noix
  de muscade** fraîchement
  râpée
500 g de **tortellini** frais
  aux épinards et à la ricotta
  ou à la viande
40 g de **parmesan**
  fraîchement râpé
sel et **poivre noir**

Dans une grande poêle, faites fondre le beurre à feu moyen et attendez qu'il commence à grésiller. Ajoutez alors les petits pois et le jambon, puis faites cuire, en remuant, 3 à 4 minutes si vous utilisez des petits pois frais, 1 minute s'ils sont surgelés.

Incorporez la crème fraîche, la noix de muscade, salez et poivrez. Portez à ébullition et laissez bouillir 2 minutes pour que le mélange épaississe légèrement.

Faites cuire les tortellini dans une grande casserole d'eau bouillante salée jusqu'à ce qu'ils soient *al dente*, en suivant les instructions de l'emballage. Égouttez-les et versez-les dans la sauce avec le parmesan. Mélangez délicatement et servez aussitôt.

Cette recette peut être réalisée avec d'autres types de jambon : goûtez-la avec du jambon rôti au miel, du jambon poivré, du jambon de Parme ou encore du jambon fumé. Tous seront délicieux. Vous pouvez également remplacer le jambon par la même quantité de tranches de bacon, que vous ferez frire 4 minutes avant la préparation de la sauce.

pizzas au prosciutto et à la roquette

Pour **4 personnes**
Préparation **10 minutes**
Cuisson **10 minutes**

4 **fonds de pizza** individuels
2 gousses d'**ail** coupées
  en deux
250 g de **mozzarella**
  allégée, émiettée
8 **tomates cerises** coupées
  en quatre
150 g de **prosciutto**
  coupé en tranches
50 g de **roquette** lavée
vinaigre balsamique,
  selon votre goût
sel et **poivre**

Frottez les fonds de pizza avec l'ail.

Disposez les fonds sur une plaque de cuisson.
Garnissez de mozzarella et de tomates cerises,
puis faites cuire 10 minutes dans un four préchauffé
à 200 °C, jusqu'à ce que la pâte soit dorée.

Déposez des morceaux de prosciutto et des feuilles
de roquette sur les pizzas. Salez, poivrez et versez
du vinaigre balsamique en filet, selon votre goût.
Servez aussitôt.

Pour des pizzas au thon et à l'ananas, égouttez
et coupez en morceaux 220 g d'ananas au sirop en
boîte. Égouttez et émiettez 160 g de thon au naturel.
Garnissez les fonds de pizza avec la mozzarella,
les tomates, le thon et l'ananas, puis enfournez.

pâtes tomate basilic

Pour **4 personnes**
Préparation **10 minutes**
Cuisson **10 minutes**

400 g de **spaghettis**
   ou de **tagliatelles**
5 c. à s. d'**huile d'olive**
5 gousses d'**ail** hachées
   finement
6 **tomates** bien mûres,
   épépinées et coupées
   en morceaux
25 g de feuilles de **basilic**
sel et **poivre**

Faites cuire les pâtes dans une grande quantité d'eau bouillante salée en suivant les instructions du paquet.

Faites chauffer l'huile d'olive dans une poêle, puis faites-y fondre l'ail 1 minute à feu doux. Dès qu'il commence à changer de couleur, retirez la poêle du feu.

Égouttez les pâtes et remettez-les dans la casserole. Ajoutez-leur l'huile parfumée à l'ail, les tomates et le basilic. Salez, poivrez et remuez. Servez aussitôt.

Pour des spaghettis à la carbonara express,

utilisez 400 g de spaghettis. Pendant la cuisson des spaghettis, faites chauffer 2 cuillerées à soupe d'huile d'olive dans une poêle et faites revenir 200 g de pancetta coupée en dés. Dans un petit saladier, battez 3 œufs, 4 cuillerées à soupe de parmesan râpé, 3 cuillerées à soupe de persil hachée et 3 cuillerées à soupe de crème liquide. Salez et poivrez. Quand les pâtes sont cuites, égouttez-les et versez-les dans la poêle avec la pancetta puis ajoutez les œufs. Remuez quelques secondes jusqu'à ce que les œufs soient pris, puis servez.

goûters

barres de céréales banane-raisins

Pour **12 parts**
Préparation **10 minutes**
Cuisson **10 minutes**

150 g de **beurre**
150 ml de **sirop d'érable**
125 g de **raisins secs**
2 grosses **bananes**
  écrasées
375 g de petits **flocons**
  d'avoine

Mettez le beurre et le sirop d'érable dans une casserole et faites fondre à feu doux. Incorporez les raisins secs. Retirez du feu et ajoutez les bananes en remuant. Ajoutez les flocons d'avoine et mélangez pour bien les enrober.

Préchauffez le four à 190 °C. Versez le mélange dans un moule rectangulaire de 28 x 18 cm et égalisez la surface à l'aide d'un pilon presse-purée pour plus de facilité. Faites cuire pendant 10 minutes jusqu'à ce que le dessus commence à dorer légèrement. La préparation doit sembler encore un peu élastique.

Laissez refroidir 10 minutes dans le moule avant de couper 12 carrés. Démoulez et laissez refroidir complètement.

Pour des barres de céréales au gingembre, ajoutez 1 cuillerée à café de gingembre en poudre au beurre fondu et au sirop d'érable, et remplacez les bananes par 75 g de gingembre frais finement haché. Incorporez les raisins secs. Versez dans le moule et égalisez la surface. Faites cuire comme ci-dessus. Découpez la préparation en 12 carrés.

hérissons en pain

Pour **8 petits pains**
Préparation **30 minutes**
  + repos
Cuisson **15 à 20 minutes**

350 g de **farine type 55**
  + pour le plan de travail
1 c. à c. de **sel**
3 g de **levure de boulanger
sèche** super active
1 c. à s. d'**huile végétale**
200 ml d'**eau tiède**
12 **raisins secs** coupés
  en deux pour les yeux
  et la bouche
1 **œuf** battu

Tamisez la farine et le sel dans un saladier et ajoutez la levure, l'huile et l'eau. Mélangez les ingrédients à l'aide d'une cuillère en bois, puis formez une boule de pâte avec vos mains. Si la pâte semble trop sèche, ajoutez un peu d'eau. Si la pâte est trop collante, ajoutez un peu de farine.

Pétrissez la boule de pâte sur un plan de travail fariné pendant 5 minutes, puis divisez-la en 8 morceaux que vous pétrissez pour former des petites boules. Formez un museau sur un des côtés et placez les boules de pâte sur une plaque de cuisson recouverte de papier sulfurisé en les espaçant bien car elles vont doubler de volume. Réalisez les piquants des hérissons en faisant de petites entailles avec la pointe de ciseaux. Enfoncez les moitiés de raisin sec dans la pâte pour former les yeux et la bouche. Couvrez avec un torchon propre. Laissez lever la pâte dans un endroit tiède pendant 1 heure.

Préchauffez le four à 230 °C. Badigeonnez les hérissons avec l'œuf battu et faites-les cuire 15 à 20 minutes. Les petits pains sont cuits ; ils doivent sonner creux lorsque vous tapotez le fond. Posez-les sur une grille pour les faire refroidir.

Pour des petits pains sucrés, ajoutez 250 g de fruits secs variés aux ingrédients secs ainsi que 2 cuillerées à café de cannelle en poudre et 3 cuillerées à soupe de sucre. Préparez le reste de la recette comme ci-dessus mais en formant 8 boules simples. Laissez refroidir les petits pains et servez-les chauds ou froids, coupés en deux et légèrement beurrés.

gâteau d'anniversaire aux fraises

Pour **12 parts**
Préparation **25 minutes**
Cuisson **35 à 40 minutes**

175 g de **margarine** ramollie
+ un peu pour le moule
175 g de **sucre en poudre**
2 c. à c. d'**extrait de vanille**
300 g de **farine avec levure incorporée**
2 c. à c. de **levure chimique**
3 **œufs**
50 g de **farine de riz**
150 ml de **yaourt nature** allégé
175 g de **fraises** coupées
en dés + 250 g de fraises
coupées en deux
ou en quatre
300 ml de **crème fraîche** liquide entière
3 c. à s. de **confiture de fraises** allégée

Graissez 2 moules ronds à charnière de 20 cm de diamètre avec un peu de margarine et chemisez le fond de papier sulfurisé. Battez la margarine et le sucre dans un robot avec l'extrait de vanille.

Tamisez la farine et la levure sur le mélange précédent, ajoutez les œufs, la farine de riz et le yaourt. Fouettez jusqu'à ce que la pâte soit crémeuse. Incorporez les fraises coupées en dés.

Préchauffez le four à 180 °C. Répartissez la pâte dans les deux moules. Faites cuire 35 à 40 minutes jusqu'à ce que les gâteaux soient gonflés, dorés et élastiques au toucher. Laissez-les refroidir 10 minutes dans les moules. Démoulez-les sur une grille pour les laisser refroidir complètement. Retirez le papier sulfurisé.

Fouettez la crème jusqu'à ce que des pointes souples se forment. Coupez la partie supérieure d'un des gâteaux pour obtenir une surface plate, puis étalez la confiture et la moitié de la crème fouettée sur le dessus. Répartissez les deux tiers des fraises coupées en deux ou en quatre. Posez le second gâteau sur le dessus et étalez le reste de crème fouettée. Décorez avec le reste de fraises. Ajoutez les bougies.

Pour un gâteau d'anniversaire au chocolat,
remplacez 25 g de farine par du cacao en poudre et faites cuire comme ci-dessus. Ne mettez pas de confiture et garnissez le gâteau uniquement avec de la crème fouettée. Remplacez les fraises par 200 g de billes de Maltesers légèrement écrasées.

biscuits aux cerises confites

Pour **14 biscuits environ**
Préparation **15 minutes**
Cuisson **15 minutes**

50 g de **corn flakes**
100 g de **margarine**
   ou de **beurre** ramollis
75 g de **sucre en poudre**
1 **jaune d'œuf**
quelques gouttes d'**extrait
   de vanille**
125 g de **farine avec levure
   incorporée**
25 g de **fécule de maïs**
7 **cerises confites** coupées
   en deux pour décorer

Mettez les corn flakes dans un sac en plastique.
Écrasez-les avec les mains ou avec un rouleau
à pâtisserie, puis mettez-les sur une assiette.

Dans un saladier, mélangez le beurre et le sucre
énergiquement avec une cuillère en bois jusqu'à ce
que la préparation blanchisse. Ajoutez le jaune d'œuf
et l'extrait de vanille, puis mélangez. Tamisez la farine
et la fécule de maïs, puis incorporez-les à la pâte.

Formez 14 boulettes de la taille d'une noix. Roulez
les boulettes dans les corn flakes écrasés, puis posez-les
sur une plaque de cuisson recouverte de papier sulfurisé
en les espaçant bien. Décorez chaque biscuit avec
½ cerise confite.

Préchauffez le four à 190 °C. Faites cuire les biscuits
15 minutes jusqu'à ce qu'ils soient légèrement dorés.
Sortez la plaque du four et laissez refroidir les biscuits
quelques instants avant de les poser sur une grille.

Pour des biscuits au chocolat, ajoutez 50 g de chocolat
noir haché avec la farine et la fécule de maïs, puis ajoutez
1 cuillerée à soupe de cacao en poudre. Mélangez
bien et faites cuire comme ci-dessus. Après la cuisson,
saupoudrez les biscuits avec un peu de sucre glace.

gâteau myrtilles-fromage frais

Pour **12 parts**
Préparation **20 minutes**
Cuisson **20 minutes**

175 g de **beurre** ramolli
75 g de **sucre roux**
375 g de **fromage frais**
  (type St-Môret)
2 c. à c. d'**extrait de vanille**
3 **œufs**
175 g de **farine ordinaire**
175 g de **farine complète**
175 g de **myrtilles**
75 g de **sucre glace** tamisé
½ c. à c. de **cannelle
  en poudre** (facultatif)

Beurrez un moule rectangulaire de 28 x 18 cm
et chemisez le fond de papier sulfurisé.

Mettez 150 g de beurre dans un saladier et battez-le
avec une cuillère en bois jusqu'à ce qu'il soit pommade.
Ajoutez le sucre, 150 g de fromage frais et l'extrait
de vanille. Battez de nouveau. Ajoutez les œufs
et les farines tamisées. Mélangez bien.

Incorporez les myrtilles dans la pâte puis versez-la
dans le moule. Égalisez la surface. Préchauffez le four
à 180 °C. Faites cuire pendant 20 minutes jusqu'à ce
que le gâteau soit doré et ferme au toucher. Laissez
refroidir 10 minutes dans le moule avant de le démouler
puis posez-le sur une grille et laissez-le refroidir.

Fouettez le reste de fromage frais et le reste de beurre
avec le sucre glace et la moitié de la cannelle. Étalez
ce mélange sur le gâteau. Coupez 12 carrés et
saupoudrez-les avec le reste de cannelle.

Pour un gâteau aux framboises et à l'orange,
ajoutez le zeste râpé de ½ orange au mélange réalisé
avec le beurre, le sucre et le fromage frais. Remplacez
les myrtilles par 125 g de framboises en les incorporant
délicatement. Faites cuire comme ci-dessus puis
préparez le même glaçage en remplaçant la cannelle
par du zeste d'orange râpé et parsemez-le sur
le gâteau.

cake sucré à la courgette

Pour **8 à 10 parts**
Préparation **30 minutes**
Cuisson **1 h 15 environ**

275 g de **farine avec levure
incorporée**
1 c. à c. de **levure chimique**
2 c. à c. d'un **mélange
pour pain d'épice**
2 **courgettes** râpées
125 g de **sucre roux**
1 **œuf**
75 ml de **lait**
75 g de **beurre**
+ un peu pour le moule
75 g de **raisins secs**
75 g de **noix** hachées

Croûte du gâteau
50 g de **farine**
25 g de **sucre roux**
½ c. à c. d'un **mélange
pour pain d'épice**
50 g de **beurre** froid
coupé en dés
50 g de **noix** finement
hachées

Beurrez un moule à cake et tapissez-le de papier sulfurisé. Tamisez la farine, la levure et les épices dans un grand saladier. Ajoutez les courgettes et le sucre. Mélangez bien.

Battez l'œuf avec le lait dans un récipient. Faites fondre le beurre dans une petite casserole et ajoutez les raisins secs. Mélangez à feu doux pendant quelques secondes pour faire gonfler légèrement les raisins secs. Ajoutez le lait et le beurre fondu au mélange précédent. Remuez pour mélanger. Incorporez les noix. Versez dans le moule et égalisez la surface.

Préparez la croûte du gâteau : mélangez la farine avec le sucre et les épices. Ajoutez le beurre et pétrissez du bout des doigts pour obtenir un mélange sableux. Incorporez les noix puis étalez le mélange sur la pâte à gâteau.

Préchauffez le four à 180 °C. Faites cuire pendant 1 h 15 jusqu'à ce que le gâteau soit gonflé et que la pointe d'un couteau plantée au centre en ressorte sèche. Laissez refroidir 10 minutes dans le moule puis démoulez-le sur une grille et laissez-le refroidir.

Pour un cake moelleux à la mangue, remplacez les courgettes, les raisins secs et les noix par un mélange de 200 ml de coulis de mangue, 1 cuillerée à café d'extrait de vanille et ½ mangue coupée en dés. Ajoutez au lait battu avec l'œuf et au beurre fondu. Préparez ensuite la croûte du gâteau comme ci-dessus et faites cuire 40 à 45 minutes.

carrés de granola

Pour **12 carrés**
Préparation **15 minutes**
 + refroidissement
Cuisson **20 minutes**

175 g de **beurre**
 + un peu pour le moule
150 ml de **miel** liquide
2 c. à s. de **sirop d'érable**
1 c. à c. de **cannelle en poudre**
125 g d'**abricots secs** moelleux coupés en morceaux
100 g de **papaye** ou de **mangue** séchée, coupée en morceaux
125 g de **raisins secs**
4 c. à s. de **graines de courge**
2 c. à s. de **graines de sésame**
3 c. à s. de **graines de tournesol**
75 g de **noix de pécan** hachées
275 g de petits **flocons d'avoine**

Beurrez un moule rectangulaire de 28 x 18 cm et chemisez le fond de papier sulfurisé.

Faites chauffer le beurre, le miel et le sirop d'érable dans une casserole moyenne, en remuant sans cesse, jusqu'à ce que le beurre soit fondu. Ajoutez la cannelle, les fruits secs, les graines et les noix de pécan, remuez et faites revenir 1 minute. Retirez du feu et ajoutez les flocons d'avoine en remuant pour bien les enrober de sirop.

Versez la préparation dans le moule et étalez-la de manière uniforme avec le dos d'une cuillère. Préchauffez le four à 180 °C. Faites cuire pendant 15 minutes jusqu'à ce que le dessus commence à dorer. Sortez du four et laissez refroidir dans le moule puis placez au réfrigérateur pendant 30 à 60 minutes.

Retournez le moule sur une planche à découper pour démouler le granola puis remettez-le délicatement à l'endroit. À l'aide d'un grand couteau pointu (de préférence plus long que le granola), coupez 12 carrés.

Pour des carrés de granola au chocolat et aux fruits secs, remplacez les noix de pécan et les graines par 75 g de pommes séchées moelleuses coupées en morceaux. Lorsque le granola a refroidi, versez 50 g de chocolat blanc fondu sur le dessus. Faites durcir au réfrigérateur pendant 10 minutes avant de le couper en carrés.

cake chocolat-beurre de cacahuètes

Pour **1 cake de 1 kg**
Préparation **15 minutes**
Cuisson **1 heure environ**

125 g de **farine ordinaire**
50 g de **farine complète**
1 c. à c. de **levure chimique**
3 c. à s. de **sucre roux**
100 g de **beurre
de cacahuètes**
sans morceaux
125 g de **beurre** ramolli
3 **œufs** légèrement battus
1 c. à c. d'**extrait de vanille**
liquide
50 ml de **jus de pomme**
100 g de **chocolat noir**
coupé en petits morceaux
1 **pomme** pelée, épépinée
et coupée en
petits morceaux

Chemisez de papier sulfurisé un moule à cake d'une contenance de 1 litre. Tamisez les deux farines et la levure chimique dans un grand saladier. Ajoutez le sucre, le beurre de cacahuètes, le beurre, les œufs, l'extrait de vanille et le jus de pomme puis mélangez. Incorporez le chocolat et les morceaux de pomme.

Versez la pâte dans le moule. Préchauffez le four à 180 °C. Faites cuire pendant 1 heure. Vérifiez la cuisson en plantant la pointe de la lame d'un couteau qui doit ressortir sèche. Sinon, prolongez la cuisson de 10 minutes.

Sortez le cake du four et posez-le sur une grille. Retirez le papier sulfurisé et laissez refroidir. Servez le cake coupé en tranches.

Pour un cake au miel, remplacez le beurre de cacahuètes par 125 g de miel et ne mettez pas de chocolat noir. Arrosez le cake de 2 cuillerées à soupe de miel liquide avant de le servir.

muffins au son cerises-raisins

Pour **12 muffins**
Préparation **15 minutes**
Cuisson **20 à 25 minutes**

125 g de **son d'avoine**
250 g de **farine avec levure incorporée**
1 c. à c. de **levure chimique**
1 c. à c. de **bicarbonate de soude**
1 c. à c. de **cannelle en poudre**
½ c. à c. de **gingembre en poudre**
125 g de **sucre roux**
1 **œuf**
75 ml d'**huile végétale**
100 ml de **lait**
250 g de **cerises** dénoyautées et coupées en deux
125 g de **raisins secs**

Glaçage
250 g de **mascarpone**
2 c. à s. de **sucre glace**

Pour décorer
12 **cerises**
1 pincée de **cannelle en poudre** (facultatif)

Préchauffez le four à 180 °C.

Mettez le son d'avoine dans un saladier. Tamisez la farine, la levure, le bicarbonate de soude, la cannelle et le gingembre puis mélangez avec le son d'avoine. Incorporez le sucre roux.

Mélangez l'œuf, l'huile et le lait dans un saladier puis versez sur la farine. Ajoutez les cerises et les raisins secs. Mélangez bien. Chemisez les 12 alvéoles d'un moule à muffins de papier sulfurisé et remplissez-les de pâte. Faites cuire les muffins pendant 20 à 25 minutes jusqu'à ce qu'ils soient gonflés et dorés. Démoulez les muffins et laissez-les refroidir sur une grille.

Fouettez le mascarpone et le sucre glace dans un saladier puis recouvrez-en les muffins refroidis en formant une spirale. Décorez chaque muffin de 1 cerise et saupoudrez de cannelle si vous le souhaitez.

Pour des muffins à la carotte, ne mettez pas de son d'avoine et réalisez la recette avec 275 g de farine. Ajoutez 1 cuillerée à café de quatre-épices. Remplacez les cerises par 2 carottes râpées et ajoutez 75 g de noix ou de noix de pécan grossièrement hachées. Faites cuire comme ci-dessus puis recouvrez les muffins avec le même glaçage et décorez avec une noix à la place de la cerise.

pop-corn caramel chocolat

Pour **175 g environ**
Préparation **15 minutes**
Cuisson **10 minutes**
  environ

50 g de **chocolat au lait**
  coupé en morceaux
50 g de **caramels durs**
4 c. à s. de **lait**
1 c. à s. d'**huile végétale**
75 g de **grains de maïs**
  à pop-corn

Faites fondre le chocolat au micro-ondes 1 minute
à pleine puissance. Laissez reposer 2 minutes. S'il
n'est pas complètement fondu, faites-le chauffer
30 secondes de plus.

Retirez l'emballage des caramels et mettez-les
dans un sac en plastique. Posez-les sur une planche
à découper et frappez-les avec un rouleau à pâtisserie
pour les casser en petits morceaux. Placez les morceaux
de caramel dans une casserole et ajoutez le lait. Faites
chauffer à feu très doux pour faire fondre le caramel.
Retirez du feu.

Mettez l'huile dans une grande casserole et faites
chauffer 1 minute. Ajoutez les grains de maïs et posez
un couvercle. Faites chauffer jusqu'à ce que le pop-corn
arrête d'éclater. Versez le pop-corn sur une plaque
de cuisson ou un plat à four et laissez reposer
5 minutes.

Versez la sauce au caramel en mince filet sur le pop-corn
à l'aide d'une cuillère à café. Versez le chocolat fondu
de la même manière.

**Pour du pop-corn au golden syrup et aux noix
de cajou,** faites cuire le pop-corn comme ci-dessus
mais remplacez les autres ingrédients par 4 cuillerées
à soupe de golden syrup (rayon des produits britanniques)
et 25 g de beurre fondu. Ajoutez 50 g de noix de cajou
grillées et hachées grossièrement au beurre fondu.
Laissez tiédir et versez en mince filet sur le pop-corn.

cake à la banane et au chocolat

Pour **8 à 10 parts**
Préparation **15 minutes**
Cuisson **55 à 60 minutes**

250 g de **beurre** ramolli
  + un peu pour le moule
125 g de **sucre en poudre**
1 c. à c. d'**extrait de vanille**
3 **œufs** battus
300 g de **farine avec levure
incorporée**
1 c. à c. de **levure chimique**
3 **bananes** mûres écrasées
2 c. à s. de **lait**
175 g de **chocolat noir**
grossièrement haché

Beurrez un moule à cake d'une contenance de 1 litre et chemisez le fond de papier sulfurisé. Mélangez énergiquement le beurre, le sucre et l'extrait de vanille dans un saladier jusqu'à ce que le mélange soit lisse et crémeux. Ajoutez les œufs et la farine tamisée avec la levure chimique. Mélangez jusqu'à ce que la pâte soit lisse et homogène.

Ajoutez les bananes, le lait et le chocolat. Mélangez bien. Versez dans le moule. Préchauffez le four à 180 °C. Faites cuire pendant 55 à 60 minutes jusqu'à ce que le cake soit gonflé et doré.

Laissez refroidir le cake 10 minutes dans le moule. Démoulez-le et laissez-le refroidir sur une grille. Servez le cake coupé en tranches.

Pour un cake à la banane et au chocolat sans gluten, remplacez la farine par 300 g de farine de riz et ajoutez 4 cuillerées à soupe de cacao en poudre tamisés ensemble.

biscuits à la vanille

Pour **30 biscuits**
Préparation **30 minutes**
Cuisson **10 à 15 minutes**

200 g de **beurre** ramolli
quelques gouttes d'**extrait
de vanille**
50 g de **sucre glace**
175 g de **farine**
50 g de **fécule de maïs**
décorations en sucre
pour gâteaux

Mettez le beurre et l'extrait de vanille dans un saladier et ajoutez le sucre glace tamisé. Mélangez les ingrédients à l'aide d'une cuillère en bois jusqu'à ce que le mélange soit crémeux. Tamisez la farine et la fécule de maïs. Ajoutez-les peu à peu à la préparation précédente en mélangeant bien avec une cuillère en métal.

Mettez la pâte dans une poche à douille et déposez des petits tas de pâte sur une plaque de cuisson recouverte de papier sulfurisé en leur donnant la forme d'une fleur. Pour terminer une fleur, enfoncez l'embout au centre de la pâte lorsque vous arrêtez de presser sur la poche à douille. Enfoncez une décoration en sucre au centre de la fleur.

Préchauffez le four à 190 °C. Faites cuire les biscuits pendant 10 à 15 minutes jusqu'à ce qu'ils soient légèrement dorés. Sortez-les du four et laissez-les refroidir quelques instants sur la plaque de cuisson avant de les poser sur une grille pour les laisser refroidir complètement.

Pour des biscuits au gingembre en forme de fleur,
mélangez 1 cuillerée à café de quatre-épices en poudre ou d'un mélange pour pain d'épice avec la fécule de maïs. Décorez le centre de chaque biscuit en forme de fleur d'un petit morceau de gingembre confit. Faites cuire comme ci-dessus.

barres aux graines et aux fruits secs

Pour **8 barres**
Préparation **15 minutes**
 + refroidissement
Cuisson **5 minutes**

50 g de **graines de courge**
75 g de **graines de soja**
 sèches
75 g de **raisins secs**
75 g d'**abricots secs**
 moelleux coupés en dés
50 g de **canneberges
sèches**
300 g de **chocolat noir**
 coupé en morceaux

Beurrez légèrement un moule rectangulaire
de 28 x 18 cm et chemisez le fond de papier sulfurisé.
Mettez les graines et les fruits secs dans un saladier.

Faites fondre le chocolat. Retirez-le du feu et
versez-le sur les graines et les fruits secs. Mélangez
bien pour les recouvrir complètement.

Versez la préparation dans le moule et égalisez avec
le dos d'une cuillère pour remplir le moule de manière
uniforme. Placez au réfrigérateur pendant 1 heure pour
faire durcir le chocolat. Coupez 8 barres et conservez-
les au réfrigérateur dans une boîte hermétique
jusqu'au moment de les manger.

**Pour des barres enrobées de chocolat blanc
et de yaourt,** remplacez le chocolat noir par 200 g
de chocolat blanc fondu au bain-marie. Lorsqu'il est
fondu, ajoutez hors du feu 2 cuillerées à soupe de
yaourt nature et ½ cuillerée à café d'extrait de vanille.
Mélangez bien. Versez-le sur les graines et les fruits
secs. Mélangez bien pour les recouvrir complètement.
Versez dans le moule et réfrigérez comme ci-dessus.

gâteau au chocolat

Pour **9 parts**
Préparation **15 minutes**
Cuisson **20 minutes**

50 g de **chocolat noir**
coupé en petits morceaux
50 g de **beurre** ou
de **margarine**
2 **œufs**
150 g de **sucre roux**
50 g de **farine avec levure
incorporée**
crayons pâtissiers
pour décorer (facultatif)

Faites fondre le chocolat avec le beurre.

Dans un saladier, mélangez les œufs, le sucre et la farine tamisée.

Mélangez le chocolat et le beurre fondus. Ajoutez-les dans le saladier et remuez délicatement jusqu'à ce que la pâte soit lisse et homogène. Versez dans un moule carré de 20 cm de côté recouvert de papier sulfurisé. Raclez le saladier à l'aide d'une spatule souple. Préchauffez le four à 180 °C. Faites cuire 20 minutes jusqu'à ce que le gâteau soit à peine ferme lorsque vous appuyez délicatement au centre.

Laissez le gâteau refroidir dans le moule puis coupez 9 parts dans le moule. À l'aide des crayons pâtissiers, décorez les morceaux de gâteau si vous le souhaitez.

Pour un gâteau rose à la noix de coco, mélangez 125 g de farine avec levure incorporée, 125 g de margarine ramollie, 125 g de sucre en poudre et 2 œufs. Mélangez jusqu'à ce que la pâte soit lisse et crémeuse. Versez dans un moule carré de 20 cm de côté beurré et recouvert de papier sulfurisé. Faites cuire au four comme ci-dessus pendant 20 minutes. Vérifiez la cuisson en plantant au centre la lame d'un couteau qui doit ressortir sèche. Laissez refroidir le gâteau sur une grille. Mélangez 75 g de sucre glace tamisé et 1 à 2 cuillerées à café de jus de betterave. Étalez le glaçage en fine couche sur le gâteau et parsemez de 1 cuillerée à soupe de noix de coco râpée. Coupez le gâteau en carrés pour servir.

cookies chocolat-fruits secs

Pour **8 cookies**
Préparation **15 minutes**
  + réfrigération
Cuisson **15 minutes**

125 g de **beurre**
125 g de **sucre roux**
2 **œufs** légèrement battus
2 c. à c. d'**extrait de vanille**
225 g de **farine complète**
  à levure incorporée
25 g de **cacao en poudre**
75 g d'**airelles séchées**
100 g de **chocolat au lait**
  haché grossièrement
8 **cerneaux de noix**
  ou 8 moitiés de **noix**
  de pécan

Dans un saladier, fouettez ensemble le beurre
et le sucre avec une cuillère en bois jusqu'à l'obtention
d'un mélange léger. Incorporez un œuf à la fois
et l'extrait de vanille.

Ajoutez la farine et le cacao tamisés, les airelles
et le chocolat au lait. Pétrissez la pâte avec les mains.
Emballez le pâton dans du film alimentaire et placez-le
au réfrigérateur au moins 30 minutes.

Garnissez 2 plaques de cuisson de papier sulfurisé.
Façonnez 8 boulettes de pâte que vous disposerez
sur les plaques, bien espacées les unes des autres.
Aplatissez chaque boulette avec le plat de la main
et décorez avec une noix ou une noix de pécan.

Faites cuire 15 minutes dans un four préchauffé
à 180 °C. Laissez reposer 5 minutes sur les plaques
pour que les cookies durcissent légèrement puis
servez-les tant qu'ils sont encore tièdes. Vous pouvez
aussi les laisser refroidir complètement sur une grille
et les conserver dans un récipient hermétique.

**Pour des cookies à la vanille, aux myrtilles et aux
pépites de chocolat,** fouettez ensemble le beurre,
le sucre, les œufs et l'extrait de vanille comme indiqué
ci-dessus. Ajoutez ensuite 275 g de farine complète à
levure incorporée, tamisée, et 75 g de myrtilles séchées.
Pétrissez et placez au réfrigérateur avant de façonner
des boulettes de pâte. Faites cuire comme ci-dessus,
sans ajouter de noix ni de noix de pécan.

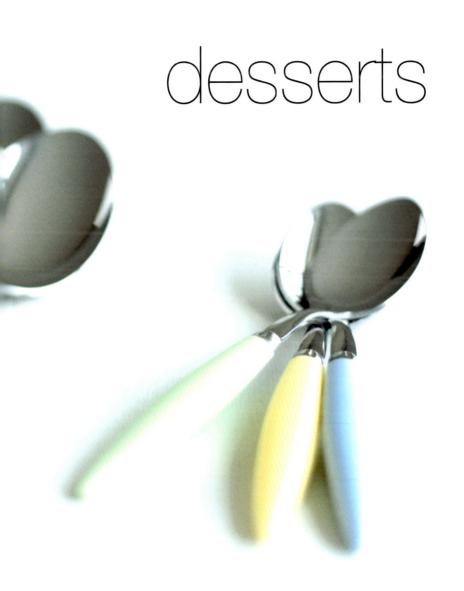

desserts

salade au melon et à l'ananas

Pour **4 personnes**
Préparation **10 minutes**
  + repos

½ **melon** pelé, épépiné
  et coupé en morceaux
½ petit **ananas** pelé
  et coupé en morceaux
le **zeste** finement râpé
  de 1 **citron vert**
2 c. à c. de **fructose**
quelques tranches
  de **citron vert** coupées
  en quatre pour décorer

Mettez le melon et l'ananas dans un saladier
ou une boîte hermétique.

Mélangez le zeste de citron vert avec le fructose.
Saupoudrez-en les fruits et mélangez bien. Laissez
reposer 1 heure environ pour laisser le temps
au fructose de fondre.

Décorez avec les tranches de citron vert puis servez.

**Pour une salade de fruits à la pastèque, aux poires
et aux fraises,** coupez ½ petite pastèque en cubes
et mettez-les dans une boîte hermétique. Ajoutez 2 poires
pelées, épépinées et coupées en tranches, 175 g
de petites fraises équeutées et coupées en deux
ainsi que 3 cuillerées à soupe de jus d'orange. Remuez
délicatement pour mélanger. Décorez avec des tranches
d'orange ou de clémentine.

délices chocolat blanc-mûres

Pour **4 personnes**
Préparation **15 minutes**
Cuisson **2 minutes**

125 g de **chocolat blanc**
  à température ambiante
2 c. à s. de **lait**
150 ml de **crème fraîche**
  liquide entière
150 g de **mûres**
1 c. à s. de **miel** liquide
1 **blanc d'œuf**

Prélevez un quart de chocolat blanc et confectionnez des copeaux à l'aide d'un épluche-légumes. Ils serviront à décorer le dessert.

Faites chauffer le reste du chocolat et le lait au micro-ondes à pleine puissance pendant 2 minutes. Laissez reposer 1 minute puis mélangez. Si le chocolat n'a pas complètement fondu, mettez-le 30 secondes de plus au micro-ondes. Incorporez la crème fraîche. Versez dans un saladier froid et laissez refroidir, puis placez au congélateur pendant 5 minutes.

Réservez 4 mûres et mixez le reste avec le miel pour obtenir un coulis. Versez le coulis dans une passoire fine au-dessus d'un saladier et pressez avec le dos d'une cuillère pour passer le coulis.

Montez le blanc d'œuf en neige.

Sortez la crème au chocolat du congélateur et fouettez-la jusqu'à ce qu'elle commence à épaissir. Cela peut prendre quelques minutes. Incorporez délicatement le blanc en neige.

Versez la moitié de la crème au chocolat au fond de 4 petits récipients et ajoutez le coulis sur le dessus. Ajoutez le reste de crème au chocolat et réalisez une spirale avec le bout du manche d'une petite cuillère pour faire apparaître le coulis de mûres. Décorez avec les mûres réservées et les copeaux de chocolat blanc. Placez au réfrigérateur jusqu'au moment de servir.

tartelettes Tatin aux groseilles

Pour **4 personnes**
Préparation **10 minutes**
Cuisson **15 à 18 minutes**

25 g de **beurre** doux
25 g de **sucre roux**
50 g de **groseilles**
2 **poires** mûres, pelées,
  épépinées et coupées
  en morceaux
1 **pâte feuilletée** prête
  à dérouler (décongelée
  si surgelée), à température
  ambiante

Coupez le beurre en fines tranches et répartissez-les dans 4 ramequins individuels. Saupoudrez de sucre. Gardez 4 grappes de groseille pour décorer et égrappez le reste. Répartissez les groseilles dans les ramequins et recouvrez-les avec les morceaux de poires.

Déroulez la pâte feuilletée et découpez 4 disques de pâte de 10 cm de diamètre. Déposez les disques de pâte sur les poires et rentrez les bords de la pâte à l'intérieur des ramequins.

Préchauffez le four à 220 °C. Posez les ramequins sur une plaque de cuisson. Faites cuire pendant 15 à 18 minutes jusqu'à ce que la pâte soit gonflée et légèrement dorée. Sortez la plaque du four avec des gants de cuisine et laissez refroidir quelques instants.

Passez la lame d'un couteau entre la pâte et la paroi des ramequins pour la détacher. Saisissez un ramequin avec un gant de cuisine et posez une petite assiette dessus. Retournez délicatement le ramequin à l'envers pour démouler la tartelette dans l'assiette. Retirez le ramequin (les fruits doivent être sur le dessus). Recommencez avec les autres tartelettes. Au moment de servir, décorez avec les branches de groseille.

Pour des tartelettes Tatin à la banane et au sirop d'érable, remplacez les groseilles et les poires par 2 bananes coupées en fines rondelles. Répartissez-les au fond de 4 ramequins beurrés et arrosez chacun de 1 cuillerée à soupe de sirop d'érable. Recouvrez de pâte feuilletée et faites cuire comme ci-dessus.

pêches à la sauce caramel

Pour **4 personnes**
Préparation **10 minutes**
Cuisson **15 minutes**

4 **pêches** coupées en deux
et dénoyautées
50 g de **poudre d'amandes**

Sauce caramel
125 g de **sucre roux**
5 c. à s. de **sirop d'érable**
25 g de **beurre**
150 ml de **crème liquide**

Découpez 4 carrés de papier d'aluminium de 20 cm de côté et mettez 2 moitiés de pêche au centre. Saupoudrez de poudre d'amandes. Refermez le papier d'aluminium pour former une papillote. Placez sous le gril préchauffé et faites-les cuire pendant 5 à 8 minutes en les retournant une fois ou deux pendant la cuisson.

Pendant ce temps, préparez la sauce caramel. Mettez le sucre, le sirop d'érable et le beurre dans une casserole antiadhésive. Faites chauffer à feu doux pour faire fondre le sucre. Portez à ébullition en remuant sans cesse pendant 3 minutes environ jusqu'à ce que la sauce épaississe. Hors du feu, ajoutez la crème liquide. Portez de nouveau à ébullition et retirez aussitôt du feu.

Versez la sauce en filet sur les pêches puis servez.

Pour des pommes à la sauce caramel, mettez 4 pommes coupées en deux sur les carrés de papier d'aluminium et répartissez 15 g de beurre coupé en dés sur les pommes. Saupoudrez d'un peu de cannelle et faites cuire sous le gril pendant 10 à 12 minutes. Servez avec la sauce au caramel ci-dessus.

tarte aux fruits

Pour **8 personnes**
Préparation **25 minutes**
Cuisson **30 minutes**

1 **pâte brisée** ou **sablée**
  prête à dérouler
2 **jaunes d'œufs**
3 c. à s. de **fécule de maïs**
3 c. à s. de **sucre en poudre**
300 ml de **lait**
1 c. à c. d'**extrait de vanille**
1 grosse **orange** coupée
  en quartiers
175 g de **fraises** coupées
  en deux
125 g de **myrtilles**
2 grosses tranches
  d'**ananas** frais coupées
  en morceaux
2 **kiwis** coupés en tranches
sucre glace pour saupoudrer

Préchauffez le four à 180 °C. Mettez la pâte dans un moule à tarte de 23 cm de diamètre. Coupez les bords qui dépassent et pressez bien la pâte sur le fond et les parois du moule. La pâte doit légèrement dépasser du moule. Posez une feuille de papier sulfurisé sur la pâte et recouvrez de haricots secs. Faites cuire 15 minutes. Retirez le papier sulfurisé et les haricots secs puis faites cuire 5 minutes de plus. Laissez refroidir.

Mélangez les jaunes d'œufs, la fécule de maïs et le sucre dans un saladier. Faites bouillir le lait dans une casserole antiadhésive. Versez le lait chaud sur les jaunes d'œufs et mélangez à l'aide d'un fouet. Ajoutez l'extrait de vanille puis remettez le mélange dans la casserole rincée. Portez à ébullition en fouettant sans cesse jusqu'à épaississement. Versez cette crème pâtissière dans un saladier pour la faire refroidir. Couvrez avec du film alimentaire pour empêcher qu'une pellicule ne se forme à la surface.

Posez le fond de tarte sur le plat de service et recouvrez-le de crème pâtissière à l'aide d'une cuillère. Mélangez tous les fruits dans un saladier. Disposez-les sur la crème pâtissière. Saupoudrez de sucre glace.

Pour une tarte exotique, mélangez 2 oranges coupées en quartiers, 3 grosses tranches d'ananas frais coupées en morceaux, 2 bananes coupées en rondelles et mélangées avec 2 cuillerées à soupe de jus de citron ou de citron vert, et 1 petite mangue coupée en morceaux. Posez les fruits sur la crème pâtissière.

crumble fraise-framboise-orange

Pour **6 personnes**
Préparation **20 minutes**
Cuisson **30 minutes**

500 g de **fraises** équeutées
et coupées en deux
250 g de **framboises**
1 **orange** pelée et coupée
en quartiers
4 c. à s. de **sucre**
½ c. à c. de **cannelle
en poudre**

Pâte à crumble
250 g de **farine**
125 g de **beurre** froid
coupé en dés
75 g de **sucre roux**
50 g de **noisettes** grillées
grossièrement hachées
ou d'amandes effilées
(facultatif)

Crème anglaise rose
2 **jaunes d'œufs**
2 c. à s. de **fécule de maïs**
350 ml de **lait**
2 c. à s. de **jus
de betterave** (prélevé
dans un paquet
de betterave cuite) ou
1 goutte de **colorant
alimentaire rouge**

Mettez les fraises, les framboises, les quartiers d'orange (plus le jus récupéré en coupant l'orange), le sucre et la cannelle dans un saladier. Mélangez délicatement pour recouvrir les fruits de sucre. Mettez les fruits dans un plat à gratin et réservez.

Mettez la farine et le beurre dans un saladier. Pétrissez du bout des doigts pour sabler la pâte. Incorporez le sucre et les noisettes ou les amandes, puis versez la pâte à crumble sur les fruits. Préchauffez le four à 200 °C. Faites cuire pendant 25 à 30 minutes jusqu'à ce que le crumble soit doré.

Préparez la crème anglaise rose : mélangez les jaunes d'œufs, la fécule de maïs et le sucre dans un saladier. Faites bouillir le lait dans une casserole antiadhésive. Versez le lait chaud sur les jaunes d'œufs, ajoutez le jus de betterave et mélangez à l'aide d'un fouet. Remettez le mélange dans la casserole. Portez à ébullition en fouettant sans cesse jusqu'à ce que le mélange commence à épaissir.

Servez le crumble dans des petits bols. Nappez de crème anglaise rose.

Pour un crumble exotique, remplacez les fruits rouges par 1 grosse mangue coupée en morceaux et 6 grosses tranches d'ananas frais coupées en morceaux. Mélangez avec les quartiers d'orange et 75 g de raisins secs. Remplacez les noisettes par 4 cuillerées à soupe de noix de coco dans la pâte à crumble. Remplacez la crème anglaise par de la glace pour servir.

clafoutis myrtille-pêche

Pour **4 personnes**
Préparation **20 minutes**
Cuisson **40 minutes**

3 **œufs**
150 g de **farine**
125 g de **sucre glace**
  + un peu pour saupoudrer
300 ml de **lait**
1 c. à c. d'**extrait de vanille**
15 g de **beurre** ramolli
2 **pêches** coupées en deux,
  dénoyautées et coupées
  en quartiers
125 g de **myrtilles**
le **zeste** finement râpé
  de 1 **citron**

Mélangez les œufs, la farine, le sucre glace, le lait et la vanille dans un saladier jusqu'à ce que la pâte soit épaisse et crémeuse. Beurrez généreusement un moule à manqué de 20 cm de diamètre et mettez les morceaux de pêche et les myrtilles au fond. Parsemez de zeste de citron.

Préchauffez le four à 190 °C. Versez la pâte sur les fruits et faites cuire pendant 35 minutes.

Saupoudrez de sucre glace et servez chaud.

Pour un clafoutis à la fraise, banane et cerise, remplacez les pêches et les myrtilles par 1 grosse banane coupée en rondelles, 175 g de fraises et 125 g de cerises fraîches dénoyautées. Vous pouvez mélanger 1 cuillerée à café de cannelle avec les fruits si vous le souhaitez.

crème aux pruneaux et au chocolat

Pour **6 personnes**
Préparation **20 minutes**
  + refroidissement
Cuisson **3 minutes**

125 g de **pruneaux** coupés
  en morceaux
150 ml d'**eau**
125 g de **chocolat noir**
  à 70 % de cacao,
  coupé en morceaux
500 ml de **yaourt nature**
25 g de **chocolat au lait**
  ou **noir** coupé en copeaux
  pour décorer

Mettez les pruneaux dans une casserole avec l'eau et portez à ébullition. Ensuite, retirez du feu. Versez dans le bol d'un robot et mixez jusqu'à ce que le mélange soit lisse.

Remettez dans la casserole avec le chocolat coupé en morceaux et faites chauffer à feu doux en remuant sans cesse pour faire fondre le chocolat. Retirez du feu et incorporez le yaourt en fouettant. Laissez refroidir.

Répartissez la crème dans 4 grands verres et décorez avec des copeaux de chocolat. Placez au réfrigérateur pendant 30 minutes puis servez.

Pour une crème au chocolat et à la menthe, utilisez du chocolat noir à la menthe à 70 % de cacao pour préparer la recette et saupoudrez la crème avec un peu de cacao en poudre biologique. Servez avec des bâtonnets de chocolat à la menthe pour un dessert très gourmand.

bananes caramélisées et glace

Pour **4 personnes**
Préparation **20 minutes**
  + congélation
Cuisson **10 minutes**

3 c. à s. de **sucre en poudre**
150 ml d'**eau**
1 litre de **yaourt nature**
3 c. à c. d'**extrait de vanille**
15 g de **beurre** ramolli
4 **bananes** mûres
½ c. à c. de **cannelle** ou
  de **muscade en poudre**
  (facultatif)

Pour servir
4 c. à s. de **sirop d'érable**
50 g de **noix de pécan**

Mettez le sucre et l'eau dans une casserole et portez à ébullition. Laissez bouillir pendant 3 à 5 minutes jusqu'à ce que le sirop ait réduit de moitié. Retirez du feu puis incorporez le yaourt et la vanille. Versez dans un récipient pouvant aller au congélateur et congelez pendant 3 heures.

Retirez la glace du congélateur et battez-la avec une cuillère en bois pour la ramollir. Congelez-la 4 heures de plus ou toute la nuit.

Faites chauffer le beurre dans une grande poêle. Coupez les bananes en deux dans le sens de la longueur, puis recoupez chaque moitié en deux dans le sens de la largeur. Saupoudrez le côté coupé des bananes avec les épices et faites-les cuire dans le beurre pendant 30 à 60 secondes de chaque côté jusqu'à ce qu'elles soient dorées. Retirez-les de la poêle à l'aide d'une spatule ou d'une écumoire.

Empilez les bananes sur les assiettes en formant un treillis, arrosez-les de sirop d'érable et parsemez de noix de pécan. Servez avec des boules de glace au yaourt.

Pour une compote de fraises et glace au yaourt à la fraise, préparez la glace comme ci-dessus mais remplacez le yaourt nature par du yaourt à la fraise. Pour la compote de fraises, faites revenir dans du beurre 375 g de fraises coupées en deux avec ½ cuillerée à café de zeste d'orange finement râpé et 1 cuillerée à soupe de sirop d'érable pendant 2 à 3 minutes. Servez la compote chaude avec la glace à la fraise.

gâteau aux figues et à la banane

Pour **6 personnes**
Préparation **10 minutes**
Cuisson **20 minutes**

125 g de **margarine** ou
  de **beurre** ramollis
125 g de **sucre roux**
1 c. à c. de **gingembre**
  en poudre
2 **œufs**
125 g de **farine**
3 **figues** coupées en quatre
1 grosse **banane** coupée
  en morceaux
2 c. à s. de **sirop d'érable**
glace à la vanille ou **crème**
  anglaise vanillée
  pour servir

Battez la margarine et le sucre jusqu'à ce que
le mélange soit lisse et crémeux. Ajoutez le gingembre,
les œufs et la farine. Mélangez énergiquement jusqu'à
ce que la pâte soit lisse. Beurrez légèrement un moule
carré de 23 cm de côté ou un plat à gratin. Versez la
pâte dans le moule et égalisez la surface avec le dos
d'une cuillère.

Préchauffez le four à 180 °C. Mélangez les figues
et la banane avec le sirop d'érable et disposez-les sur
la pâte en enfonçant les fruits dans la pâte à certains
endroits. Faites cuire pendant 20 minutes jusqu'à
ce que le gâteau soit doré et bien gonflé.

Découpez le gâteau en carrés et servez-le avec
de la glace à la vanille ou de la crème anglaise vanillée
(recette ci-dessous).

Pour une crème anglaise vanillée, portez à ébullition
300 ml de lait et les graines de ½ gousse de vanille
dans une casserole antiadhésive. Pendant ce temps,
mélangez 2 jaunes d'œufs avec 1 cuillerée à café de
fécule de maïs et 2 cuillerées à soupe de sucre. Versez
le lait chaud sur les jaunes d'œufs et mélangez à l'aide
d'un fouet. Reversez dans la casserole et remettez sur
le feu. Faites cuire sans cesser de remuer à l'aide du
fouet jusqu'à ce que la crème commence à épaissir.
Lorsque la crème anglaise est prête, elle doit napper
le dos d'une cuillère.

brownie sans sucre aux fruits rouges

Pour **12 parts**
Préparation **20 minutes**
Cuisson **30 minutes**

250 g de **chocolat noir**
  à 70 % de cacao
125 g de **beurre**
4 **œufs**
150 g de **farine**
50 g de **poudre d'amandes**
75 g de **pépites de chocolat
noir**
50 g de **noix de pécan**
  grossièrement hachées
  (facultatif)

Pour servir
mûres, framboises
  et **fraises** fraîches
glace ou **crème fraîche**

Beurrez un moule rectangulaire de 28 x 18 cm et chemisez le fond avec du papier sulfurisé.

Faites fondre le chocolat avec le beurre. Retirez du feu et laissez refroidir pendant 2 minutes. Fouettez les œufs dans un autre saladier jusqu'à ce qu'ils soient mousseux (environ 3 minutes) puis mélangez-les avec le chocolat.

Incorporez la farine, la poudre d'amandes, les pépites de chocolat et les noix de pécan. Préchauffez le four à 180 °C. Versez la pâte dans le moule. Faites cuire 25 à 30 minutes jusqu'à ce que le gâteau soit ferme au toucher.

Laissez le brownie refroidir dans le moule pendant 20 minutes, puis découpez-le en 12 carrés. Servez avec des fruits rouges frais et de la glace ou de la crème fraîche.

Pour un brownie au chocolat blanc et aux fraises, remplacez le chocolat noir par du chocolat blanc et les pépites de chocolat et les noix de pécan par 125 g de fraises coupées en dés. Ce brownie se conserve 3 jours au réfrigérateur.

crumble pomme-poire aux graines

Pour **8 personnes**
Préparation **30 minutes**
Cuisson **45 à 50 minutes**

500 g de **pommes** pelées,
épépinées et coupées
en morceaux
250 g de **poires** pelées,
épépinées et coupées
en morceaux
le **zeste** finement râpé
et le **jus** de 1 **orange**
4 c. à s. de **miel** liquide
½ c. à c. de **gingembre**
en poudre
175 g de **fraises** équeutées
et coupées en quatre

Pâte à crumble
50 g de **farine**
3 c. à s. de **graines de lin**
moulues
50 g de **beurre** coupé
en dés
50 g de petits **flocons**
d'avoine
50 g de **graines mélangées**
(par exemple courge,
tournesol, sésame
et chanvre)
75 g de **sucre demerara**
ou **cassonade**

Mettez les pommes et les poires dans une casserole moyenne avec le jus et le zeste d'orange, le miel et le gingembre. Portez à ébullition en remuant de temps en temps, couvrez et faites frémir pendant 10 minutes à feu moyen jusqu'à ce que les fruits soient cuits et légèrement compotés. Ajoutez les fraises et faites cuire 2 à 3 minutes de plus sans que celles-ci se défassent à la cuisson. Retirez la casserole du feu et versez le mélange dans un plat à gratin. Réservez le temps de préparer la pâte à crumble.

Pour le crumble, versez la farine dans un récipient et incorporez les graines de lin. Ajoutez le beurre et sablez la pâte du bout des doigts. Ajoutez les flocons d'avoine et sablez de nouveau. Incorporez les graines et le sucre et répartissez la pâte à crumble sur les fruits.

Préchauffez le four à 200 °C. Faites cuire 30 à 35 minutes jusqu'à ce que le dessus soit doré. Servez le crumble encore chaud.

Pour un crumble orangé, remplacez les pommes, les poires et les fraises par 4 pêches et 6 abricots coupés en morceaux et les quartiers de 4 oranges. Mélangez-les avec 4 cuillerées à soupe de miel liquide et 1 cuillerée à café de cannelle en poudre. Mettez les fruits crus dans un plat à gratin, recouvrez de pâte à crumble et faites cuire comme ci-dessus.

jus, smoothies, glaces à l'eau

citronnade

Pour **1,8 litre**
Préparation **4 à 5 minutes**
Cuisson **4 à 5 minutes**

75 g de **sucre en poudre**
1,8 litre d'**eau**
4 **citrons** coupés
  en tranches + quelques
  tranches pour servir
glaçons

Mettez le sucre dans une casserole avec 600 ml d'eau et les tranches de citrons. Portez à ébullition en remuant bien pour faire fondre le sucre.

Retirez du feu et ajoutez le reste d'eau. Mélangez et laissez refroidir.

Lorsque la préparation a refroidi, écrasez les citrons pour en extraire le jus. Filtrez dans une passoire, ajoutez les glaçons et servez dans des verres décorés de tranches de citron.

Pour une citronnade au citron vert, remplacez les citrons par 6 citrons verts, ou mélangez les citrons jaunes et les citrons verts. Vous pouvez ajouter des feuilles de menthe hachées lorsque la citronnade a refroidi pour apporter une touche mentholée. Filtrez comme ci-dessus.

jus de mangue, melon et orange

Pour **400 ml environ**
Préparation **5 à 6 minutes**

1 **mangue** mûre coupée
  en morceaux
½ **melon galia** épépiné
  et coupé en morceaux
200 ml de **jus d'orange**
2 **glaçons**

Mettez les morceaux de mangue et de melon
dans un blender et mixez jusqu'à ce que le mélange
soit lisse.

Ajoutez le jus d'orange et les glaçons. Mixez
de nouveau. Servez aussitôt.

Pour un jus au lait de coco et à l'ananas, mettez
400 ml de lait de coco en boîte dans le bol d'un robot.
Pelez ½ petit ananas, retirez le cœur et coupez-le
en morceaux. Ajoutez l'ananas dans le bol du robot.
Mixez jusqu'à ce que le mélange soit lisse, versez
sur des glaçons et décorez avec des cerises ou des
fraises fraîches pour apporter une touche de couleur.

milk-shake vanille-fraise

Pour **2 personnes**
Préparation **5 à 6 minutes**
Cuisson **5 à 6 minutes**

300 ml de **lait**
300 ml de **crème liquide**
½ **gousse de vanille**
250 g de **fraises** équeutées

Mettez le lait et la crème dans une casserole.
Prélevez les graines de la gousse de vanille avec le dos
d'une petite cuillère et ajoutez-les dans la casserole avec
le lait et la crème. Portez à ébullition en remuant. Lorsque
le mélange bout, retirez du feu et laissez refroidir.

Mettez les fraises dans le bol d'un robot et mixez
jusqu'à l'obtention d'une texture lisse. Ajoutez le lait
refroidi et mixez de nouveau jusqu'à ce que le mélange
soit rose. Versez dans des grands verres placés
préalablement au réfrigérateur et servez avec
des pailles.

**Pour un milk-shake à la fraise et à la glace
à la vanille,** mettez le lait et les fraises dans le bol
d'un robot avec 5 boules de glace à la vanille de qualité.
Mixez jusqu'à ce que le mélange soit lisse et homogène.
Ajoutez quelques glaçons et mixez de nouveau. Versez
dans des grands verres placés préalablement
au réfrigérateur puis servez.

jus pastèque-framboise

Pour **200 ml environ**
Préparation **5 à 6 minutes**

300 g de **pastèque** pelée,
   épépinée et coupée
   en morceaux
125 g de **framboises**
glace pilée (facultatif)

Mettez la pastèque et les framboises dans un blender et mixez jusqu'à ce que le mélange soit lisse. Filtrez le jus à travers une passoire pour retirer les pépins des framboises.

Versez le jus dans des verres contenant de la glace pilée si vous le souhaitez.

Pour un jus au melon et à la pomme, mettez ½ melon vert épépiné et coupé en morceaux dans le bol d'un robot avec 1 pomme verte épépinée et coupée en quartiers (non pelées). Ajoutez 1 cuillerée à soupe de jus de citron et mixez jusqu'à ce que le mélange soit lisse. Versez dans des verres contenant de la glace pilée si vous le souhaitez.

yaourt glacé nectarine-framboise

Pour **2 personnes**
Préparation **5 minutes**

3 **nectarines** mûres coupées
   en deux et dénoyautées
175 g de **framboises**
150 ml de **yaourt nature**
1 poignée de **glaçons**

Mettez les nectarines et les framboises dans le bol d'un robot et mixez jusqu'à ce que le mélange soit bien lisse. Ajoutez le yaourt et mixez de nouveau, puis ajoutez les glaçons et mixez jusqu'à ce qu'ils soient pilés et que la boisson commence à épaissir.

Versez dans des verres placés préalablement au réfrigérateur. Décorez avec des ombrelles en papier ou toute autre décoration de votre choix.

Pour un milk-shake banane-mangue au lait de coco, remplacez les nectarines et les framboises par 1 grosse banane mûre et 1 mangue coupées en morceaux. Mixez jusqu'à ce que le mélange soit lisse. Ajoutez 150 ml de lait de coco et mixez de nouveau. Ajoutez les glaçons et mixez jusqu'à ce que la boisson commence à épaissir. Versez dans des verres placés préalablement au réfrigérateur.

esquimaux multicolores

Pour **8 esquimaux**
Préparation **20 minutes**
+ congélation
Cuisson **15 minutes**

300 g de **framboises**
fraîches
25 g de **sucre en poudre**
150 ml d'**eau** + 4 c. à s.
400 g de **pêches au naturel**
en boîte

Mettez les framboises et le sucre dans une petite casserole avec 4 cuillerées à soupe d'eau. Portez à ébullition en remuant pour faire fondre le sucre. Ajoutez le reste d'eau.

Versez dans une passoire et filtrez en pressant avec le dos d'une cuillère en métal pour récupérer le maximum de pulpe.

Versez le coulis de framboises dans 8 moules à esquimau en remplissant uniquement le fond. (Vous pouvez également utiliser 8 pots à yaourt propres placés dans un plat à four. Couvrez avec du papier d'aluminium et plantez un bâtonnet en bois au centre de chaque pot à travers le papier d'aluminium. Le papier d'aluminium permet de maintenir le bâtonnet au centre des pots.) Congelez 1 à 2 heures.

Pendant ce temps, mettez les pêches avec leur jus dans le bol d'un robot et mixez pour obtenir un coulis. Lorsque le coulis de framboises est congelé, versez dessus le coulis de pêches. Congelez 1 à 2 heures ou toute la nuit.

Pour des esquimaux à la pêche melba, supprimez le sucre et l'eau, et mixez les framboises, les pêches et 150 ml de yaourt à boire à la framboise dans un robot. Répartissez dans 8 moules à esquimau et faites congeler pendant 4 à 5 heures.

glaces à l'eau pêche-pomme-fraise

Pour **4 personnes**
Préparation **7 à 8 minutes**
  + congélation

2 **pêches** pelées,
  dénoyautées et coupées
  en morceaux
300 ml d'**eau**
1 **pomme rouge** pelée
125 g de **fraises**

Mettez les pêches dans un blender et mixez jusqu'à ce que la préparation soit lisse. Ajoutez un tiers de l'eau et mélangez. Versez dans 4 moules à esquimau et faites prendre au congélateur.

Coupez la pomme en morceaux et mixez-la dans le blender. Ajoutez un tiers de l'eau et mélangez. Versez dans les moules sur le sorbet de pêche. Faites prendre au congélateur.

Équeutez les fraises et mixez-les dans le blender. Ajoutez le reste d'eau et mélangez. Versez dans les moules sur le sorbet de pomme. Faites prendre au congélateur.

Pour un sorbet au chocolat et à la mandarine,
mettez 300 g de mandarines en boîte dans le bol d'un robot et mixez jusqu'à ce que la préparation soit lisse. Mettez le jus de mandarine dans une casserole avec 125 g de chocolat noir à 70 % de cacao et faites fondre à feu doux. Mélangez bien et versez dans 4 moules à esquimau. Faites prendre au congélateur pendant 2 heures.

smoothie tricolore

Pour **400 ml**
Préparation **9 à 10 minutes**

3 **kiwis** coupés en morceaux
150 ml de **yaourt**
  aux agrumes
  (par exemple citron
  ou orange)
1 petite **mangue** coupée
  en morceaux
2 c. à s. de **jus d'orange**
  ou **de pomme**
150 g de **framboises**
1 à 2 c. à c. de **miel** liquide

Mixez les kiwis dans un blender et répartissez-les dans 2 grands verres. Recouvrez d'une couche de yaourt en l'étalant jusqu'aux parois des verres.

Mixez la mangue avec le jus d'orange ou de pomme. Versez dans les verres. Recouvrez d'une nouvelle couche de yaourt.

Mixez les framboises et filtrez-les à travers une passoire pour retirer les pépins. Vérifiez si le coulis est assez sucré (sinon, ajoutez un peu de miel). Versez le coulis de framboises dans les verres. Servez.

Pour un smoothie zébré à la mûre, mettez 175 g de mûres dans le bol d'un robot avec 2 cuillerées à soupe de miel liquide. Mixez jusqu'à ce que le mélange soit bien lisse. Versez dans 2 verres en alternant les couches de coulis de mûres et de yaourt.

jus pomme-abricot-pêche

Pour **200 ml**
Préparation **5 minutes**

3 **abricots**
1 **pêche**
  + quelques lamelles
  pour décorer (facultatif)
2 **pommes**
glaçons

Coupez les abricots et la pêche en deux,
puis dénoyautez-les. Extrayez le jus des pommes,
des abricots et de la pêche à la centrifugeuse.

Versez ce mélange dans un robot ou un blender,
ajoutez quelques glaçons et mixez 10 secondes.

Versez le jus dans un verre et décorez éventuellement
de quelques lamelles de pêche. Servez aussitôt.

Pour un jus abricot-pomme-fruits de la passion,
remplacez la pêche par 2 fruits de la passion. Extrayez
le jus des abricots, des pommes et des fruits
de la passion. Servez avec des glaçons.

jus orange-pomme-poire

Pour **200 ml**
Préparation **10 minutes**

2 **oranges**
1 **pomme rouge**
1 **poire**
glaçons (facultatif)
1 c. à c. de **miel** liquide
(facultatif)

Pelez les oranges et séparez les segments.
Coupez la pomme et la poire en morceaux réguliers.
Extrayez le jus de tous les fruits à la centrifugeuse.

Versez le jus dans un verre, sur quelques glaçons.
Ajoutez 1 cuillerée à café de miel si vous le souhaitez
et servez aussitôt.

Pour un jus pomme-poire, coupez 2 poires
et 2 pommes en morceaux puis mixez-les dans
un robot ou un blender avec quelques glaçons.

glaces fraise-mangue-orange

Pour **450 ml**
Préparation **10 minutes**
  + congélation

125 g de **fraises**
1 petite **mangue** bien mûre
300 ml de **jus d'orange**

Équeutez les fraises puis placez-les au congélateur 2 heures au moins ou jusqu'au lendemain si possible.

Pelez la mangue et dénoyautez-la. Coupez la chair en morceaux. Mixez ensemble la mangue, les fraises surgelées et le jus d'orange dans un robot ou un blender jusqu'à l'obtention d'un mélange épais.

Versez la préparation dans des petits moules et faites prendre au congélateur.

Pour des glaces fraise-orange-banane, pelez une petite banane bien mûre et placez-la au congélateur ainsi que 75 g de fraises pendant 2 heures environ. Mettez les fruits dans un robot ou un blender, ajoutez 250 ml de jus d'orange, puis mixez jusqu'à l'obtention d'un mélange lisse.

smoothie banane-mangue-orange

Pour **400 ml**
Préparation **10 minutes**

1 **banane** bien mûre
1 **mangue** bien mûre
200 ml de **jus d'orange**
200 ml de **lait demi-écrémé**
3 c. à s. de **fromage blanc**
2 ou 3 **glaçons**

Pelez la banane et coupez-la en rondelles. Pelez la mangue, dénoyautez-la et coupez-la en morceaux.

Mettez la banane, la mangue, le jus d'orange, le lait, le fromage blanc et quelques glaçons dans un robot ou un blender, puis mixez jusqu'à l'obtention d'un mélange lisse.

Versez le smoothie dans 2 ou dans 3 petits verres et servez aussitôt.

Pour un smoothie papaye-orange-banane, mixez la chair de 1 papaye et de 1 banane dans un robot ou un blender. Ajoutez le jus de 1 orange et 300 ml de jus de pomme.

annexe

table des recettes

goûters

desserts

jus, smoothies, glaces à l'eau

Découvrez toute la collection :

SIMPLE PRATIQUE BON | **POUR CHAQUE RECETTE, UNE VARIANTE EST PROPOSÉE.**

MARABOUT
LES PETITS COSTAUDS CÔTÉ CUISINE